KB083378

그래도 어떡해 해야지

...

의지가
약한 사람도

집요해지는
기술

KEKKYOKU, "SHITSUKOI HITO" GA SUBETE WO TE NI IRERU by Masayasu Iba

Copyright © 2021 Masayasu Iba
All rights reserved.

Original Japanese edition published by ASCOM INC.

This Korean language edition is published by arrangement with ASCOM INC., Tokyo
in care of Tuttle-Mori Agency, Inc., Tokyo, through JM Contents Agency Co., Seoul.

그래도 어떡해 해야지

이바 마사야스 지음 | 남소현 옮김

생각해보라.
일이 잘 풀리지 않았을 때,
나에게 부족한 것은 무엇이었는지.

이 책은 '집요함'의 중요성 및 그로 인해 이룰 수 있는 가능성에 대해 다룬 책이다.

'집요하다'는 말을 보면 고집스럽다, 끈질기다, 악착같다, 깐깐하다, 부담스럽다 등 부정적인 이미지를 떠올리는 사람이 많을 것이다. 한자로는 '잡을 집(執)'에 '우길 요(拗)' 자를 쓰는데, 일상적인 대화에서 좋은 의미로 사용되는 경우는 많지 않다.

하지만 어떤 일을 시작할 때,
'이번에는 좀 집요하게 매달려볼까'
라고 한다면 이것은 긍정적인 의미에 가깝다.

여기서의 '집요하다'는 바꿔 말하면
'끝까지 포기하지 않고 계속한다'
'사소한 부분까지 꼼꼼하게 체크한다'
'우직하게 한 우물을 판다'
라는 뜻이다.
어떻게 표현하느냐에 따라 이미지가 완전히 달라진다는 것을 알수 있다.

이 책에서 여러분에게 소개하고자 하는 것은
바로 이 '좋은 집요함'이다.

스티브 잡스, 제프 베조스, 일론 머스크 등 세계적으로 성공한 유명인들도 일찍부터 집요함의 중요성을 강조한 바 있다.

일본에서도 방송인 니시노 아키히로, 유튜버 HIKAKIN 등 오랜 시간을 들여 한 가지 일을 꾸준히 해낸 사람들이 좋은 평가를 받고 있다.

'집요함'은 엄청난 힘을 가지고 있다.

다만 너무나도 당연하고 단순한 사실이다 보니
의식하지 않고 그냥 지나치는 경우가 많다.

'집요함'을 두루뭉술한 형용사가 아니라
하나의 기술이라고 생각해보자.

느낌이 전혀 다르지 않은가?

의지가 좀 약하더라도
특별한 재능이나 기술을 가지고 있지 않더라도
아주 약간의 상상력만 있다면 누구든지 집요해질 수 있다.
이 책에서는 어떻게 하면 집요해질 수 있는지, 그 방법을 소개하고 있다.

집요함은 거창한 노력을 필요로 하지 않는다.
방법만 알면 앞으로의 인생이 훨씬 편해질 것이다.

꿈이 현실이 된다,
인간관계가 좋아진다,
일에서 높은 성과를 거둔다 등등.

'집요함'을 무기로 삼아
한 번뿐인 인생에서
당신이 원하는 것을 반드시 손에 넣기 바란다.

집요함 테스트

자신이 어떤 유형의 '집요하지 못한 사람'인지 알아보자

A

○ 어떤 일을 하려고 마음먹어도 사흘을 못 간다

○ 하려고 마음먹었지만 바빠서 차일피일 미루게 된다

○ 한 번에 너무 많은 일을 벌여서 결국 하나도 제대로 하지 못한다

B

○ 원하는 결과를 얻지 못하면 바로 그만둔다

○ 조금씩 귀찮아져서 어느샌가 안 하게 된다

○ 지나치게 몰두해서 건강을 해친다

C

○ 스스로에 대한 자신감이 사라지고 의욕을 잃는다

○ 어차피 잘 안 될 거라고 지레 포기한다

○ 문제를 혼자서 해결하려고 끙끙대다가 좌절한다

D

○ 목표는 달성하지 못했지만 할 만큼 했으니 이제 끝!

○ 이건 안 될 것 같은데 그냥 접고 다른 걸 해볼까?

○ 나도 모르겠다, 될 대로 되겠지

A~D 중 가장 많이 체크한 항목은 무엇인가?

결과는 **80쪽**에서 확인할 수 있다.

들어가며

내가 운영하는 주식회사 라시사라보는 '기대에 부응하는 데 그치지 않고 기대를 넘어서라'를 모토로 삼아 수많은 기업을 상대로 연수 프로그램을 제공하고 있다.

매년 200회가 넘는 강연을 개최하며, 수강생은 누계 4만 명을 넘었다. 이용 기업의 90% 이상이 다시 찾을 정도로 충성 고객의 비율이 높은 편이다.

과거에 근무했던 리쿠르트 회사에서는 업체의 구인 광고를 따오는 일을 담당했다.

20대 때는 고생도 많이 했다. 명색이 영업인데 낯을 많이 가리는 성격이었기 때문이다. 매일같이 편두통에 시달리다 보니 영업하러 간 곳에서 도리어 내 안색이 안 좋다고 걱정해줄 정도였다.

그래도 포기하지 않고 업체 방문을 계속한 결과, 낯가리는 성격을 어느 정도 극복할 수 있었다. 그때 내가 영업차 방문한 업체가 4만 개쯤 될 것이다. 이후에는 영업 실적도 크게 늘어서 플레이어 부문 및 매니저 부문 우수 사원 표창을 네 번이나 받았고, 사내 표창도 40번 넘게 받았다.

그곳에서 영업부장 및 계열사 대표를 역임한 후 독립해서 내 회사를 차렸다.

이것도 지금 생각하면 결국 '집요함'의 결과였다.
내 입으로 말하기도 뭐하지만 '집요함'만큼은 누구에게도 지지 않을 자신이 있다.
한번 하겠다고 마음먹은 일은 무슨 일이 있어도 해내고야 만다.

문제는 '집요함'이라고만 하면 구체적으로 무엇을 말하는 것인지 잘 다가오지 않는다는 것이다. 그러다 보니 자칫 근성론이나 정신론으로 흐르기 쉽다.

나는 근성론을 좋아하지 않는다.
'집요함'에 근성은 필요치 않다.

집요해지기 위해서 필요한 것은 아주 작은 변화, 그리고 그 변화에 다양한 상상을 더해가는 것이다.
결코 어려운 일이 아니다. 매일 반복하는 일이나 행동에 작은 변화를 준다든지 자신과 주위 사람들의 밝은 미래에 대해 상상해보는 것만으로 충분하다.

이렇게 하면 '좋은 집요함', 즉 한 가지 일에 끈질기게 매달려서 끝까지 해내는 힘을 기르는 데 큰 도움이 된다.

이 책은 과거 내가 영업 사원으로 일하며 쌓은 경험, 직장인을 대상으로 한 기업 연수를 진행하면서 새로 알게 된 사실, 국내외 수많은 연구 및 문헌을 통해 얻은 다양한 지식을 아낌없이 쏟아부어 만들어낸 결과물이다.

뭘 해도 작심삼일이다, 항상 중간에 포기해버린다, 무엇을 목표로 삼아야 할지 모르겠다, 이런 사람도 이 책을 끝까지 읽기만 하면 즉시 실천에 옮길 수 있는 방법을 소개하고 있다.

우선 1장과 2장에서 집요함의 중요성 및 집요한 사람들의 특징을 살펴본 다음, 3장부터는 실제로 집요함을 손에 넣기 위한 구체적인 방법을 소개한다. 또 7장에서는 대인 관계에서의 집요함에 대해 다루고 있다. '나쁜 집요함'을 발휘하면 오히려 역효과가 날 수 있기 때문에 주의해야 한다.

각 챕터의 앞머리에는 간단한 퀴즈를 실어두었다. 정답은 따로 없으니 본문을 읽기 전에 자신이 어느 쪽에 가까운지 한번 생각해보자.

이 책에서 소개하는 방법을 따라 하기만 하면 누구든지 집요해질 수 있다.

이 책을 읽은 여러분이 일, 공부, 다이어트, 연애 등 다양한 분야에서 집요함을 발휘해 진정한 성공과 행복을 손에 넣기 바란다.

주식회사 라시사라보 대표
이바 마사야스

목차

01

그래도 집요해야지 성공할 수 있다

집요함은 왜 중요한가

스티브 잡스, 제프 베조스, 일론 머스크…
성공한 사람들은 모두 집요했다

성공에 필요한 것
당신은 어느 쪽?

성공에는
재능이 필요하다고
생각한다

특별한 재능이 없어도
성공할 수 있다고
생각한다

경제서나 인터넷 기사에는 수많은 유명 인사들의 성공 스토리가
등장한다.

특히 애플의 공동 창립자 스티브 잡스, 아마존 창업자 제프 베
조스, 테슬라 CEO 일론 머스크의 이야기는 다양한 매체에서 자주
다루어지는 단골 소재이다.

이 사람들의 이야기에 당신은 어떻게 반응하는가?

"저 정도로 성공하다니 대단하다."

라고 그저 감탄하는가?

"뭔가 특별한 재능과 인맥이 있었겠지."

라고 부러워하는가?

"나랑은 사는 세계가 다르다(아무런 참고가 되지 않는다)."

라고 관심을 끊었는가?

내가 보기에는 모두 충분하지 않다.

왜냐하면 사람은 누구나 단 한 번뿐인 자신의 인생을 살아갈 수밖에 없기 때문이다.

한 번뿐인 인생을 행복하게 살고 싶지 않은가?

그러기 위해서는 다른 사람의 삶을 참고할 필요가 있다. 타인이 살아가는 방식을 보고 거기서 힌트가 될 만한 것을 찾아 한 번뿐인 자기 인생을 보다 행복하게, 보다 풍요롭게 만드는 것. 그것이 바로 이 책이 추구하는 바이다.

● ● ●

성공한 사람들의 공통점

성공의 열쇠를 찾기 위해 성공한 사람들의 말과 행동을 자세히 살펴보면 한 가지 공통점을 발견할 수 있다.

이것이 곧 성공을 손에 넣는 방법, 보다 행복한 삶을 살기 위한 힌트라고 할 수 있다.

스티브 잡스는 이렇게 말했다.

"성공과 실패의 가장 큰 차이점은 중간에 포기하느냐 안 하느냐이다."

제프 베조스는 이렇게 말했다.

"발명하고, 발사하고, 재창조하고, 재도전하고, 다시 시작하고, 반복하고 또 반복해야 한다. 성공으로 가는 길은 결코 직선이 아니다."

일론 머스크는 이렇게 말했다.

"끈기는 매우 중요하다. 포기를 강요당하지 않는 한 결코 포기해서는 안 된다."

이들의 공통점이 무엇인지 알겠는가?

그렇다. 성공한 사람들에게서 공통적으로 찾아볼 수 있는 자질은 바로 포기하지 않는 것, 끈질기게 계속하는 것, 즉 '집요함'이다.

자신이 목표로 정한 대상을 집요하게 파고든 결과, 마침내 성공을 거머쥘 수 있었던 것이다.

빌 게이츠는 "나는 끝까지 물고 늘어지는 것을 좋아한다. 그렇게 하면 대부분 좋은 결과를 얻을 수 있기 때문이다"라고 말했으며, 손정의는 "끈질기게 생각에 생각을 거듭해서 완성도를 높인다"라며 집요함과 끈기의 중요성을 강조했다.

'집요함'이야말로 최고의 성공 철학인 것이다.

● ● ● ●
좋은 집요함과 나쁜 집요함

하지만 보통은 '집요한 사람'이라고 하면 융통성이 없다거나 시야가 좁다거나 상대방을 불쾌하게 만든다는 등 부정적인 이미지로 받아들여지는 경우가 많다.

집요함에는 좋은 집요함과 나쁜 집요함이 있는데 이 책에서 다루고자 하는 것은 전자인 좋은 집요함이다.

"실패했을 때 거기서 멈추면 실패한 것이 된다.
그러나 멈추지 않고 성공할 때까지 계속하면 성공한 것이 된다."
이것은 파나소닉의 창업자인 마츠시타 고노스케가 남긴 말이다.

포기하지 않고 꾸준히 계속하는 것, 집요하게 물고 늘어지는 것.
머리로는 알고 있어도 실천하기는 쉽지 않은 일이다.
'좋은 집요함'은 인생을 행복하게 만들어준다.
행복해지고 싶다면 이 명제를 마음속 깊이 새기기 바란다.

집요함을 무기 삼아
0%의 확률을 100%로 만들다

Q.

영업을 할 때
당신은 어느 쪽?

계약을 따낼 가능성이
제로에 가깝다면
패스한다

가능성이
제로에 가깝더라도
일단 해본다

그렇다면 '좋은 집요함'이란 무엇일까?

이와 관련해 한 가지 소개하고 싶은 일화가 있다.

과거 리쿠르트 회사에서 기업을 상대로 구인 광고를 따내는 일
을 한 적이 있는데, 그때 내 사수였던 A 씨의 이야기이다.

A 씨는 난공불락으로 알려진 대기업 B 사 사장을 상대로 영업
을 하게 되었다.

자신을 만나주지 않는 상대에게 영업을 하기 위해 '매일 방문'이라는 전략을 세운 A 씨는 매일같이 B 사를 찾아가 접수 데스크에 자필로 한 줄 적어 넣은 명함을 남겼다.

조금 더 자세히 설명하자면, A 씨는 B 사 사장에게 전달할 자신의 명함에 '늘 감사합니다', '부재중에 갑자기 찾아와 죄송합니다' 등 짧게 한마디를 적어 넣었다고 한다. 직접 만나지 못하는 대신 명함을 통해 자신의 존재를 꾸준히 어필한 것이다.

그 결과, 명함을 전하기 시작한 지 2년쯤 지났을 때 B 사로부터 '만나보고 싶다'는 연락이 왔고, 무사히 영업으로 이어졌다고 한다.

● ● ●

좋은 집요함을 발휘하는 방법

만나주지 않는 사람에게 2년이나 명함을 전달했다는 말을 들으면 '죽을 각오로 매달리면 언젠가는 통한다'는 식으로 받아들이는 사람도 있을 것이다.

하지만 사실 A 씨는 무슨 일이 있어도 B 사의 광고를 따내고야 말겠다는 굳은 의지를 가지고 한 일은 아니었다.

물론 일이 잘 풀리면 좋겠다는 생각은 했을 것이다.
그러나 매일 B 사를 찾아갈 수 있었던 가장 큰 이유는 A 씨의 통근 루트에 B 사가 있었기 때문이었다.

다시 말해 A 씨는 '한 줄 적어 넣은 명함을 매일 B 사에 전달한다'는 것을 하나의 습관으로 만들었고, 밑져야 본전이라는 생각으로 그 습관을 이어나갔을 뿐이었던 것이다.

정리해보자.

난공불락인 B 사를 상대로 한 영업에 성공한 것은 A 씨가 엄청난 근성의 소유자여서가 아니라 계속 시도할 수 있도록 시스템화가 이루어졌기 때문이다.

이것이 바로 '좋은 집요함'의 가장 큰 포인트다.

'좋은 집요함'을 발휘하기 위해 필요한 것은 근성이 아니다.
어떻게 하면 계속할 수 있을지를 생각해서 이를 습관화, 시스템화하는 것이 중요하다.

덧붙여 말하자면 A 씨는 기본적으로 낯을 많이 가리는 내향적인 성격임에도 불구하고 하루에 70건씩 영업을 다녔다.
'요령은 없지만 믿을 수 있는 상대'라는 것이 A 씨에 대한 사람들의 공통된 평가였다.
그야말로 '계속하는 힘의 대명사'라고 할 수 있는 사람이었다.

B 사 사장 역시 A 씨가 하루도 빠짐없이 B 사를 찾아온 2년이라는 시간을 높이 평가했을 것이다. A 씨는 '계속하는 힘'을 자신의 무기로 삼아 영업에 성공한 것이다.

심리학적으로도 입증된 '집요함'의 중요성

자기계발 분야의 베스트셀러 『그릿 GRIT』에서는 계속하는 것의 중요성을 강조한다.

'그릿'이란 '끝까지 해내는 힘', 다시 말해 불굴의 의지, 집념, 투지를 의미한다.

『그릿 GRIT』의 저자인 펜실베이니아대학 심리학과 교수인 앤절라 더크워스는 미 육군사관학교의 가혹한 훈련을 버텨낸 학생들의 특징을 조사하는 연구를 진행했다. 연구 결과, 우수한 성적을 거둔 학생들은 공통적으로 강한 '열정'과 '끈기'를 가지고 있는 것으로 나타났다. 사회적인 성공을 결정짓는 가장 중요한 요소는 뛰어난 IQ나 높은 학력 같은 것이 아니라 개개인이 지닌 '끝까지 해내는 힘'이라는 사실을 증명해낸 것이다.

이러한 연구 결과는 교육계와 재계를 비롯한 다양한 분야의 리더들에게 많은 주목을 받았으며, '그릿'은 위대한 성취를 이루어낸 사람들만이 지닌 심리적 특성 중 하나로 인정받게 되었다.

'그릿'을 이루는 네 가지 요소는 다음과 같다.

Guts (근성) : 어려움에 맞서는 힘
Resilience (회복탄력성) : 실패하더라도 포기하지 않고 계속하는 힘
Initiative (진취성) : 스스로 목표를 설정하는 힘
Tenacity (끈기) : 마지막까지 해내는 힘

이들 네 가지 요소는 모두 특별한 재능을 필요로 하는 것이 아니기 때문에 당장 오늘부터라도 훈련이 가능하다.

인생의 성공과 행복은, 개개인이 처음부터 가지고 태어나는 IQ나 재능에 따라 결정되는 것이 아니라 '좋은 집요함'을 익히고 발휘함으로써 얼마든지 손에 넣을 수 있는 것이다.

신뢰는 집요함에서 비롯된다

Q.

집요하게 굴면…
당신은 어느 쪽?

남들이
나를 싫어할 것이다

싫어하지 않는 사람도
있을 것이다

'좋은 집요함'이 좋은 결과로 이어진 사례를 하나 더 살펴보자.

리쿠르트 회사의 영업직으로 일하던 당시 내가 직접 경험한 일이다.

어느 우동집에 영업을 나간 적이 있었다.

처음 갔을 때, 가게 주인은 나를 상대해주지 않았다.

두 번째 갔을 때도 상대해주지 않았다.

세 번째 갔을 때는 투명 인간 취급을 당했다.

멀쩡한 사람을 없는 사람 취급을 하다니….

지금이야 웃으며 얘기할 수 있지만 당시에는 꽤 충격이 컸다. '대체 왜?'라는 생각밖에 들지 않았다.

이런 경우, 정색하고 이유를 따지고 들면 명쾌한 답을 얻기 어렵다.

대신 나는

'어떻게 하면 될까?'

라는 질문을 스스로에게 던졌다.

목표는 우동집의 구인 광고를 따내는 것.

상대는 나 따위는 안중에도 없다는 듯 찬바람만 쌩쌩 부는 주인 아저씨.

잘될지 안될지 한 치 앞을 가늠할 수 없는 상황이었지만 나는 항상 내 사전에 불가능이란 없다고 믿었고, 그래서 가능성은 반반이라고 생각했다.

목표를 이룰 가능성이 낮다고 해서, 성공하기 어려울 것 같다고 해서 바로 철수하는 것이 아니라 '어떻게 하면' 현재의 사면초가 상태에서 벗어날 수 있을지를 고민했다. 그 결과 내가 도출해낸 대답은 바로 이것이었다.

'일단 손님이 되어서 우동을 먹자.'

이번에는 귀찮은 영업 사원이 아니라 엄연한 손님으로 방문한 것이기 때문에 주인아저씨도 별말 없이 맞아주었다.

아주 잠깐이지만 내 말상대가 되어주기도 했는데 그전까지는 제대로 말도 못 붙였던 것을 생각하면 그야말로 장족의 발전이었다.

손님으로 찾아가 우동을 사 먹은 후에도 영업 활동은 계속 이어갔다.

그러던 어느 날, 가게에 들어선 내 얼굴을 본 주인아저씨가
"자네한테는 정말 못 당하겠군."
하고 쓴웃음을 지으며 말을 걸어왔다.

기존에 거래 중인 업체가 있어서 일부러 차갑게 대했다고, 보통은 한두 번 찾아오고 마는데… 하면서 혀를 내두르더니 앞으로는 우리 쪽에서 광고를 내겠노라고 약속했다.

반쯤 잊고 있었던 원래 목적을 생각지도 못한 순간에 달성하게 된 것이다.

A 씨의 경우와 마찬가지로 '집요함'이 이루어낸 성과였다.

A 씨도 나도 영업을 성공시키겠다는 굳은 의지를 가지고 계속해서 도전했다.

A 씨는 매일 자필로 한 줄 적어 넣은 명함을 상대에게 전달했고, 나는 때로는 손님으로, 때로는 영업 사원으로 꾸준히 가게를 방

문한 끝에 상대의 신뢰를 얻을 수 있었다.

두 경우 모두 노력과 근성으로 매달린 것이 아니라 계속할 수 있는 틀을 만들고 그 안에서 방식을 바꿔가며 끊임없이 시도한 결과, 목적을 이루게 된 것이다.

"실제로도 일이 이렇게 잘 풀릴까?"
라며 반신반의하는 사람도 있을 것이다.

조금 오래된 자료 중에 참고가 될 만한 것이 있다.

성공 철학의 대가 나폴레온 힐은 성인 남녀 3만 명을 대상으로 '사람들이 몇 번 도전해보고 포기하는지' 알아보는 조사를 실시했다.

사람들은 과연 몇 번이나 도전했을까?

당신은 몇 번까지 해보고 포기하겠는가?

결과는 평균 한 번 이하였다.

대다수가 한 번 실패하면 바로 포기하거나 아예 도전해보지도 않고 포기했다는 말이다.

사람들은 생각보다 쉽게 포기한다.

반대로 말하면 포기하지 않고 끈질기게 계속하는 것만으로도 우위를 선점할 수 있다는 말이다.

무슨 일이든 꾸준히 하면 상대방의 신뢰를 얻을 수 있고, 생각지도 못한 행운을 손에 넣게 된다.

성공한 유튜버와 실패한 유튜버의 차이

Q.

유튜브나 SNS를 할 때
당신은 어느 쪽?

흥미로운 소재만
업로드한다

그다지 흥미로운 소재가
아니더라도
자주 업로드한다

900만 명의 구독자를 보유한 HIKAKIN은 일본에서 가장 유명한 유튜버 중 한 명이다(2021년 4월 현재).

HIKAKIN이 유튜브를 시작한 것은 2006년, 자신의 비트박스 퍼포먼스 영상을 촬영해 올리면서부터였다.

HIKAKIN은 유튜브 활동에 관련해 다음과 같이 말하고 있다.

"가장 신경 쓰는 부분은 '정해진 시간에 업로드하는 것'이다. 현재는 매일 저녁 7시에 업로드하고 있는데 영상 업로드 주기를 고정하자 조회수가 확 늘었다.”

“한번 정한 일을 꾸준히 이어나가는 것은 신뢰를 얻기 위한 필수 요건이다. 이를 통해 남들과 나를 차별화할 수 있다.”

“힘들더라도 매일 계속하는 사람만이 살아남을 수 있다.”

HIKAKIN만큼 유명하지 않더라도 일정 수익을 올리는 유튜버라면 하루 또는 이틀에 한 번씩 정기적으로 자주 업로드하는 사람이 대부분이다.

나 역시 ‘기업 연수 전문 트레이너 이바 마사야스의 스킬업 채널’이라는 유튜브 채널을 운영 중이다. 주로 직장인의 자기계발에 도움이 되는 콘텐츠를 올리고 있다.

처음에는 조회수가 전혀 오르지 않았다.

열심히 공들여 만든 영상을 올려도 결과는 마찬가지였다.

노력해도 결과로 이어지지 않으니 불만이 쌓여갔다. 실제로 많은 사람들이 이 단계에서 포기해버린다.

하지만 나는 유튜브 작업을 루틴으로 정해두고 이틀에 한 편씩 꾸준히 업로드했다.

여러 개를 올리면 그중 한두 개는 입소문을 타서 조회수가 잘 나오기도 하고, 그러면 기운이 나서 다시 열심히 올리고, 그렇게 하다 보니 어느덧 지금에 이르게 되었다.

블로그, 트위터, 인스타그램 같은 SNS 역시 꾸준함이 생명이다. 특히 SNS는 매일 하나씩이라도 꾸준히 글을 올려야 팔로워를 늘

릴 수 있다.

트위터는 짧게 한마디만 써도 되니 부담이 적은 편이다.

여기서 한 가지 주의해야 할 점은 '매일 올리기는 힘드니까 처음에는 주 2~3회 정도로 시작하자'라고 생각해서는 안 된다는 것이다. '오늘은 업로드하는 날이네. 귀찮은데…' 하고 미루고 싶은 유혹을 느끼게 되기 때문이다.

감정의 기복이 생길 틈이 없도록 처음부터 '매일 기계적으로 올린다'고 정해두는 것이 좋다.

● ● ● ●

하고 싶은 일을 계속한다

성공한 유튜버에게서 공통적으로 찾아볼 수 있는 특징이 하나 더 있다.

바로 자신이 좋아하는 일을 한다는 것이다.

예를 들어 개그맨 히로시가 운영하는 '히로시 채널'에는 텐트를 설치하고, 모닥불을 피우고, 고기나 생선을 굽고, 해먹에 누워서 하늘을 쳐다보는 영상이 올라온다. 혼자서 자유롭게 아웃도어 라이프를 즐기는 모습을 감상할 수 있다.

업로드 주기는 긴 편이지만 채널을 만든 지 6년 만에 구독자 수 100만 명을 넘겼고, 유튜브 외에도 솔로 캠프 관련 서적 출판, 아웃도어 관련 행사 참석 등 다양한 분야에서 활발한 활동을 펼치고 있다.

히로시 채널이 성공할 수 있었던 것은 운영자가 연예인이기 때문이라고 생각하는 사람도 있을 것이다. 물론 그 점이 채널 운영에 어느 정도 영향을 미쳤을 수는 있지만 연예인이 운영하는 채널이라고 해서 반드시 성공하는 것은 아니다.

히로시는 인터뷰에서 이런 말을 한 적이 있다.
"좋아하는 일을 하는 영상을 찍어서 올리면 됩니다."
돈이나 의무감 때문에 촬영하는 것이 아니라 자신이 정말로 좋아하는 일을 하면 돈이나 명성은 저절로 따라온다는 것이다.

앞서 나온 HIKAKIN 역시 매일 업로드를 하려면 잠자는 시간을 줄여야 하는 등 힘든 점도 있을 것이다. 이미 충분히 많은 돈을 벌었을 테니 유튜브를 언제 그만두더라도 생활이 어려워질 일은 없다. 그런데도 굳이 힘든 스케줄을 이어가는 것은 유튜브를 통해 자신이 진심으로 좋아하는 일을 하고 있기 때문일 것이다.

내가 유튜브를 계속하는 것도 '구독자들에게 도움이 되고 싶다'는 욕구 때문이다. 좋아해야 계속할 수 있다. 내가 좋아서 하는 일, 내가 좋아하는 분야에서는 누가 강요하지 않아도 자연스럽게 집요해지기 마련이다.

성공하기 위해서는
뛰어난 두뇌보다 꾸준함이 중요하다

Q.

**학교 성적에 대해
당신은 어느 쪽?**

성공하려면
학교에서
좋은 성적을 받아야 한다

좋은 성적이
반드시 성공으로
이어지지는 않는다

스탠퍼드대학 심리학 교수인 캐서린 콕스는 시인, 정치가, 종교인, 과학자, 철학자, 예술가, 음악가 등 다양한 분야에서 역사적으로 큰 업적을 남긴 위인 301명의 특징을 조사했다.

그 결과, IQ와 업적의 연관성은 매우 낮은 것으로 나타났다.

연구팀은 이들의 업적을 가능하게 만든 특성이 IQ가 아니라면 무엇인지 알아내기 위해 수천 쪽에 달하는 전기(傳記)와 자료를 분석한 끝에 위인과 일반인 사이에는 결정적인 차이가 존재한다는 사실을 밝혀냈다. 그것은 바로 '동기의 지속성', 다시 말해 끈기다.

콕스는 이러한 사실을 바탕으로 다음과 같은 결론을 내렸다.
"IQ는 높지 않지만 끈기를 가지고 노력하는 사람은, IQ는 높지만 끈질기게 노력하지 못하는 사람보다 훨씬 더 위대한 업적을 남긴다."

● ● ●
장기간 특별활동에 참여한 사람은 연봉이 높다?!

컬럼비아대학 심리학 교수 마고 가드너는 고등학교 때 특별활동을 1년 한 학생과 2년 한 학생이 사회인이 되었을 때 어떤 차이를 보이는지 추적 조사를 실시했다.

조사 결과, 2년 이상 특별활동에 참여한 학생들 중에서는 주당 활동시간이 많은 학생일수록 취직률이 높고 연봉 수준도 높은 것으로 나타났다.

다양한 유혹에 노출되는 사춘기 때 2년 이상 특별활동을 계속한다는 것은 쉬운 일이 아닌 만큼 이 시기에 무언가를 계속했다는 것 자체가 하나의 능력인 것이다.

성공의 열쇠는 IQ나 재능이 아니라 끝까지 계속하는 끈기라는 것을 보여주는 좋은 사례라고 할 수 있다.

자주 보면 정드는 '자이언스 효과'

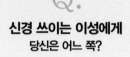

Q.

신경 쓰이는 이성에게
당신은 어느 쪽?

과감하게 다가간다

은근슬쩍
존재를 어필한다

대인 관계에서 집요함이 얼마나 중요한지 알아보고자 할 때 참고할 수 있는 것으로 '자이언스 효과'라는 심리학 이론이 있다.

자이언스 효과는 1968년 미국의 심리학자 로버트 자이언스가 제창한 이론으로 '단순노출 효과'라고도 한다.

몇 번이고 반복해서 접촉하면 대상에 대한 평가나 호감도가 올라가는 현상을 가리킨다.

TV에서 같은 곡이 반복해서 나오는 것을 듣다가 그 가수의 팬이 되었다.

인터넷이나 SNS에서 새로 나온 디저트에 관한 글이 자주 보여서 편의점에서 사봤다.

매일 같은 버스를 타고 출퇴근하는 후배와 주말에 함께 영화를 보러 가기로 했다.

일상생활 속에서 자주 마주치다 보면 경계심이 사라지고, 호감이나 흥미 또는 친근감을 느끼게 된다.

자이언스 효과는 인간관계뿐만 아니라 비즈니스 현장에서도 폭넓게 적용할 수 있다.

과거 영업 사원이었을 때 내가 가장 신경 쓴 부분은 상대를 최대한 자주 만나는 것이었다.

특별한 용건이 없어도 얼굴을 내밀고 때때로 전화로 안부를 묻는 것은 영업의 철칙 중 하나다. 자주 만나다 보면 얼굴을 기억하게 되고, 친근감을 느끼게 되고, 신뢰 관계를 형성하게 된다. 일종의 자이언스 효과인 것이다.

온라인 마케팅에서도 자이언스 효과가 많이 사용된다. 예를 들어 메일링 서비스를 제공한다든지 블로그 및 SNS를 운영하는 것은 모두 자이언스 효과를 염두에 둔 것이다.

그림책 작가이자 영화감독으로도 활발한 활동을 펼치고 있는 개그맨 니시노 아키히로가 운영하는 유료 회원제 서비스 온라인 살롱의 회원은 무려 7만 명에 달한다(2021년 1월 현재). 독보적인 아이디어로 많은 주목을 모으고 있는 니시노 역시 집요함의 결정체라고 할 수 있다.

니시노 아키히로의 온라인 살롱에 가입한 회원은 매일 니시노가 올리는 기사를 읽을 수 있다.

강연회 등 행사를 개최할 때는 매일 개인 SNS를 통해 열심히 공지한다.

유명인이라고 해서 방심하지 않고 자신이 활용할 수 있는 수단을 총동원해서 접촉 빈도를 늘리고자 꾸준히 노력한다. 얼핏 무식해 보일 수도 있는 이러한 정공법이 사람들의 눈길을 끌고 마음을 움직이는 것이다.

● ● ● ●

역효과를 조심하라

집요함은 중요하다.

하지만 어디까지나 '좋은 집요함'을 발휘해야 한다.

'나쁜 집요함'에서 좋은 결과를 기대하기는 어렵다.

예를 들어 앞서 영업의 철칙 중 하나가 '특별한 용건이 없더라도 얼굴을 내미는 것'이라고 했는데, 여기서 잊어서는 안 되는 것이 바로 상대방의 기분을 고려해야 한다는 점이다.

"저 사람, 좀 불편한데…."
라고 느끼는 상대를 자꾸 찾아가면 어떻게 될까.
당연히 자주 가면 갈수록 역효과일 것이다.
이미 나를 싫어하는 상대에게 자이언스 효과를 사용하면 호감을 얻기는커녕 공포와 혐오감만 안겨주게 될 수도 있다.

이런 경우 영업 사원이 취할 수 있는 방법으로는 어떤 것이 있을까?
유익한 정보를 전달한다, 차별화된 서비스를 제공한다, 고객이 불편하다고 느끼는 부분을 개선한다 등 어떤 식으로든 고객의 니즈를 충족시킬 수만 있다면 고객의 마음을 비호감에서 호감으로 바꾸는 것도 불가능하지는 않다.

자이언스 효과는 심리학적으로 검증된 이론이기는 하지만 나를 좋아하지 않는 상대에게 자이언스 효과를 사용하면 역효과가 날 수 있다는 점, 접촉 빈도를 늘림으로써 오히려 관계가 악화될 수도 있다는 점을 잊어서는 안 된다.
특히 연애에서는 무작정 다가가는 것보다 은근슬쩍 존재감을 어필하는 편이 더 효과적인 경우도 많다.

포인트는 상대방의 입장에서 생각해보는 것이다.
자기 본위의 '나쁜 집요함'을 발휘하는 것만은 반드시 피해야 한다.

의지가 약한 사람도 집요해질 수 있다

집요하게 물고 늘어지기
당신은 어느 쪽?

집요해지는 것은 어렵다

얼마든지
집요해질 수 있다

'집요함'은 누구나 할 수 있는 단순하면서도 효과적인 궁극의 성
공 법칙이다.

내가 하고자 하는 말은 바로 이것이다.

지금까지 다양한 연구와 사례를 통해 집요함의 효용에 대해 살
펴보았다.

꾸준히 계속하는 것.

포기하지 않고 끝까지 해내는 것.

전혀 어려운 일이 아니다. 누구든지 지금 당장 실천에 옮길 수 있다.

그리고 집요함을 발휘하면 원하는 결과를 손에 넣을 수 있다.

게다가 집요함이 효과를 발휘하는 분야는 비즈니스뿐만이 아니다.

공부, 건강 관리, 연애 등 인생의 모든 국면에서 도움이 된다.

◈ ◈ ◈

집요해지지 못하는 이유는 무엇일까?

"계속하는 게 중요하다는 건 알고 있다."

많은 사람들이 이렇게 말한다.

"계속하지 못해서 고민이다."

동시에 이렇게 말하는 사람도 많다.

이번 장에서는 집요함의 중요성을 깨달았다면 그것으로 충분하다.

어떤 일을 끝까지 계속하지 못해서 고민이라면 이 책을 끝까지 읽음으로써 집요함을 손에 넣는 방법을 터득할 수 있을 것이다.

2장으로 넘어가기 전에 왜 머리로는 집요함의 중요성을 이해하는데 몸이 따라주지 않는 것인지 그 이유를 정리해보자.

집요함을 발휘하지 못하는 이유로는 다음과 같은 것들을 생각해 볼 수 있다.

- 귀찮아서
- 싫증을 잘 내서
- 바빠서
- 상대방이 싫어할까봐

당신은 이 중 어디에 해당하는가?

모두 그럴 듯한 이유이다.
하지만 만약 이렇게 생각하고 있다면 당신은 집요함의 본질을 제대로 이해하지 못한 것이다.

내가 말하는 집요함은 처음 시동을 걸 때 약간의 요령이 필요하긴 하지만 일단 시동이 걸린 후에는 물 흐르듯 이어지는 것이다. 강한 정신력이나 근성을 요구하는 것이 아니라는 말이다.

이 책에서는 '귀찮아서', '싫증을 잘 내서', '바빠서'라는 이유로 꾸준히 계속하는 것을 포기한 사람들에게 처방전을 제시하고 있다. 모두 지금 바로 실천할 수 있는 방법들이다.

평소 뚜렷한 목표가 없는 사람이라면 무엇을 우선적으로 처리해야 하는지가 명확해질 것이다.

'상대방이 싫어할까봐'라는 이유는 앞서 잠깐 언급한 나쁜 집요함과 관련이 있다. 나쁜 집요함에 대해서는 7장에서 자세히 살펴볼 예정이다.

'집요함'은 자신이 원하는 성공과 행복을 이룰 수 있도록 도와주는 궁극의 스킬이다. 집요함을 발휘하면 인간관계가 더 좋아지고, 일에서도 더 좋은 성과를 거둘 수 있다.

그렇다면 집요함을 발휘하기 위해서는 구체적으로 어떻게 해야 할까?

• • • •

02

그래도 집요하게 해내는
사람들의 특징

왜 저 사람은 포기하지 않고 계속할 수 있는 걸까

• • •

열심히 하는 것과
집요하게 하는 것은 전혀 다르다

전화 영업을 할 때
당신은 어느 쪽?

만나주겠다고 할 때까지
계속 전화한다

만나주겠다고 하지 않으면
일단 멈춘다

정말 열심히 노력했는데 좋은 결과를 얻지 못한 경험은 누구에게나 한 번쯤 있기 마련이다.

'매일 1시간씩 달렸는데 체지방율은 변화가 없다'
'죽을힘을 다해 공부했는데 시험 성적은 바닥을 쳤다'

매일 1시간씩 달리는 것도, 죽을힘을 다해 공부하는 것도 쉽지 않은 일이다.

반드시 해내고야 말겠다는 굳은 각오로 끈질기게 계속하는 것은 박수 받아 마땅하다.

하지만 노력했는데 성과가 따르지 않는다면 무언가가 잘못된 것이다.
열심히 해도 결과가 좋지 않다면 계속하기도 어렵다.
그렇다면 어떻게 해야 할까?

답은 간단하다. '좋은 결과를 얻을 수 있도록' 끈질기게 계속하면 된다.

● ● ● ●

목적과 수단을 헷갈리지 말 것

영업 사원 B 씨는 매주 500개사에 전화를 걸어 최소 10개사와 미팅 약속을 잡아야 했다.
성실한 B 씨는 500개사에 열심히 전화를 돌렸지만, 미팅 약속이 잡힌 곳은 목표의 절반인 5개사에 불과했다.

일은 열심히 했지만 성과로 이어지지 않은 것이다.

B 씨는 자신이 매주 500건씩 전화를 걸고 있으니 충분히 제 몫을 하고 생각할 수도 있다. 만약 그렇다면
'미팅 약속을 잡기 위해 구체적으로 어떤 노력을 하고 있는지'
'최종적으로 이루고자 하는 목표가 무엇인지 제대로 알고 있는지'

같은 질문을 통해 자신이 어떤 마음가짐으로 영업에 임하고 있는지 확인해볼 필요가 있다.

아무리 성실하다고 해도 이런 사람은 좋은 평가를 받지 못한다.

끈질기게 계속하는 것은 중요하다.
하지만 아무 생각 없이 그저 열심히만 하는 것은 의미가 없다.

B 씨가 전화 영업을 통해 이루고자 하는 최종 목표는 '계약을 따내는 것'이다.
500개사에 전화를 돌리는 것은 계약을 따내기 위한 과정일 뿐이지 그 자체가 목적은 아니다.
만약 B 씨가 전화 영업이라는 행위 자체에 집요함을 발휘해 500개사에 전화를 걸었다는 사실만으로 만족하고 있다면 완전히 잘못 생각하고 있는 것이다.

중요한 것은 최종적으로 달성하고자 하는 목적이 무엇인지를 제대로 인지하는 것이다.
B 씨의 경우, 전화 거는 일 자체가 목적이 되어버렸다.

미팅 약속이 잡히지 않는다면 이유가 무엇인지, 어떻게 하면 약속을 잡을 수 있을지 잠시 멈춰서서 생각해볼 필요가 있다.
혼자서 해결하기 어렵다면 상사와 의논한다든지 실적이 우수한 동료의 방식을 따라 해보는 것도 방법이다.

참고로 전화 영업을 할 때는 처음에 전화를 받은 상대방의 경계심을 풀어주는 것이 중요하다. 인사는 밝고 큰 목소리로. 자기소개는 자신감 있는 말투로 또박또박 천천히. 전화 예절의 기본만 제대로 지켜도 상대방이 일방적으로 전화를 먼저 끊는 일은 줄어들 것이다.

● ● ●

목적을 착각한 상태에서 무작정 계속하는 것은 의미가 없다.

B 씨처럼 일을 하다 보면 일하는 게 재미가 없어지고 결국 그만두게 된다.

이런 경우에는

"거래처를 작년 대비 20군데 늘리는 것이 목표다."

라고 처음부터 회사의 최종 목표를 구체적으로 알려주면 B 씨 나름대로 목표를 달성하기 위한 최적의 방법을 고민해서 이에 맞는 집요함을 발휘할 수 있을지도 모른다.

구체적인 목표가 제시되면 무엇을 해야 하는지가 명확해지고 집요함을 발휘하기도 쉬워진다.

예를 들어 트위터를 이용해서 무언가를 알리고자 한다면 같은 내용을 여러 번 올리기보다는 표현을 조금씩 바꿔서 올리는 편이 효과적이다. 또 트위터뿐만 아니라 다른 SNS를 함께 활용하는 등 다양한 방법을 시도해볼 수 있다.

목적을 달성하기 위해 어떻게 하면 가장 큰 효과를 거둘 수 있을지 시행착오를 거듭하며 계속해나가는 것이 바로 집요함을 발휘하는 올바른 방법이다.

집요함 달인의 '개선하기 게임'

Q.

귀찮은 일을 맡게 되었을 때
당신은 어느 쪽?

짜증을 낸다	쓴웃음을 짓는다

한 가지 일을 집요하게 계속하는 사람과 계속하지 못하는 사람. 이 둘의 차이는 무엇인지 생각해보자.

영업 사원이었을 때, 좀처럼 실적이 오르지 않아 힘들었던 시기가 있었다.

정해진 실적 목표가 있기 때문에 목표를 달성해야만 한다는 압박감이 엄청났다.

56   그래도 집요하게 해내는 사람들의 특징

집요함 달인의 '개선하기 게임'

Q.

귀찮은 일을 맡게 되었을 때
당신은 어느 쪽?

한 가지 일을 집요하게 계속하는 사람과 계속하지 못하는 사람. 이 둘의 차이는 무엇인지 생각해보자.

영업 사원이었을 때, 좀처럼 실적이 오르지 않아 힘들었던 시기가 있었다.

정해진 실적 목표가 있기 때문에 목표를 달성해야만 한다는 압박감이 엄청났다.

정신적으로 한계에 부딪혔을 때, 사고방식을 180도 바꿔보았다. 예를 들면 이런 식이다.

영업 목표란 무엇인가?

→ 높은 실적을 올리면 가장 좋겠지만 실적이 낮다고 해서 해고당하지는 않는다. 연봉이나 평가가 낮아질 수는 있겠지만 생명에는 지장이 없다.

→ 영업은 리스크는 제로인 반면 목표를 달성하면 많은 것을 얻을 수 있는 재미있는 게임이다!

여기서부터가 시작이었다.

영업을 게임이라고 생각하니 '누가 시켜서 하는 일'이라는 느낌이 사라졌다.

애초에 일이란 '개선하기 게임' 같은 것이다. 가설을 세우고, 실행하고, 검증하고, 개선한다. 개선을 통해 어떤 변화가 일어날지 기대하며 일을 하면 일이 즐거워지고, 보다 주체적인 자세로 업무에 임하게 된다.

주체적으로 움직인다는 것은 매우 중요하다. 주체성을 갖게 되면 자신이 진심으로 이루고자 하는 목표가 생기기 때문이다.

'고객과 좋은 관계를 맺고 싶다'

'우수 영업 사원으로 뽑히고 싶다'

자신이 세운 목표이기 때문에 이를 달성하기 위해 어떻게 하면 될지를 주체적으로 생각하게 된다.

고객과 좋은 관계를 맺기 위해 세일즈 토크에 변화를 주기로 했다면,

언제부터 시작할 것인지, 언제까지 할 것인지, 빈도는 어떻게 할 것인지, 내용은 어떻게 바꿀 것인지 등을 정해야 한다.

말하자면 '개선하기 게임'이라고 할 수 있다.

누가 시켜서 한다는 느낌이 사라지면 목표가 생기고, 목표가 생기면 자연히 끈질기게 계속하게 된다.

끈질기게 계속하는 사람은 다시 말해 확실한 꿈과 희망과 목표를 가진 사람이라고 할 수 있다.

● ● ●

계속하는 것만으로도 자신감이 생겨난다

끈질기게 계속하는 사람은 자기효능감이 높다.

자기효능감(Self-efficacy)이란 심리학자 알버트 반두라가 제창한 개념으로, 나라면 할 수 있다는 자신감을 뜻한다.

자기효능감이 높은 사람은 귀찮은 일을 맡게 되었을 때 쓴웃음을 지을지언정 짜증을 내지는 않는다.

내일까지 발표용 자료를 만들어야 하는 경우, 완성하지 못할 거라고 생각하며 만드는 것과 주어진 시간 내에 어떻게든 완성하겠다고 생각하며 만드는 것 중 어느 쪽이 좋은 결과를 낳을지는 굳이 설명할 필요도 없을 것이다.

자기효능감은 '나라면 할 수 있다'라는 스스로에 대한 믿음이자 성공에 필수불가결한 요소이다. 자신감 있는 사람은 무슨 일이든 끈질기게 계속할 수 있다.

알버트 반두라는 자기효능감을 끌어올리는 방법으로 다음 네 가지를 소개하고 있다.

1. 성취 경험: **자신이 정한 목표를 달성한 경험이 있는 사람은 이후 다른 목표를 세울 때도 과거의 성공 경험을 바탕으로 자기효능감이 높아짐.**

2. 대리 경험: **어떤 대상에 대한 관찰을 통해 학습하는 모델링. 타인의 성공을 옆에서 관찰함으로써 자기효능감이 높아짐.**

3. 언어적 설득: **자신의 능력을 남들이 알아주고 격려와 칭찬을 많이 해줄수록 자기효능감이 높아짐.**

4. 정서적 심리적 상태 조절: **목표에 접근하는 과정에서 발생하는 감정이나 신체적 변화를 주의 깊게 관찰하고 조절함으로써 자기효능감이 높아짐.**

자기효능감을 높이는 데 가장 효과적인 것은 '1. 성취 경험'이다.

가령 일에서 성과를 올리지 못했다 하더라도 '끝까지 해냈다'는 사실은 자신감으로 이어진다. 아무리 작은 일이라도 끝까지 해낸 경험을 하나하나 쌓아가면 포기하지 않고 계속하는 집요함을 손에 넣을 수 있다.

아무리 작은 일이라도 좋으니 꾸준히 해서 제대로 마무리하는 경험을 오늘부터 하나씩 늘려나가보자.

높은 자기효능감은 높은 동기 부여로 이어지고, 높은 동기 부여가 이루어지면 일을 끝까지 해낼 수 있다. 그리고 일을 끝까지 마무리하면 자기효능감이 높아진다.

이런 선순환 구조의 원리를 깨달았다면 그건 바로 당신이 계속할 수 있는 사람이 되었다는 뜻이다.

좋은 집요함을 발휘하려면
최상위 목표가 무엇인지 생각하라

행동할 때
당신은 어느 쪽?

내가 정한 스타일을
고수한다

다양한 방법을
시도해본다

개그 콤비 오리엔탈 라디오의 나카타 아츠히코가 운영하는 '나카타 아츠히코의 YouTube대학'은 구독자 수 380만 명을 자랑하는 유튜브 인기 채널이다(2021년 4월 기준).

다루는 주제는 경제나 역사 등 다방면에 걸쳐 있는데, 나카타 아츠히코 특유의 뛰어난 언변으로 알기 쉽게 설명하는 것이 가장 큰 특징이다.

나카타 아츠히코는 원래 개그맨이었지만 현재는 가수, 유튜버 등 다양한 분야에서 활약하고 있다.

얼핏 보기에는 '끈기가 없고 변덕이 심해서 한 우물을 파지 못한다'고 느끼는 사람도 있을 것이다.

하지만 정말 그런 걸까?
나는 나카타 아츠히코가 끈기가 없고 변덕이 심하다고는 생각하지 않는다.

왜냐하면 흔들리지 않는 축을 가지고 있기 때문이다.

'말을 통해 사람들에게 무언가를 전하는 것을 좋아한다.'
'표현자로서 살아가고 싶다.'
무슨 일을 하든 나카타 아츠히코의 이러한 생각에는 변함이 없다.

다소 시행착오는 겪을지언정 개그맨도 가수도 유튜버도 모두 자신이 하고 싶어서 하는 일이라는 점에서는 차이가 없다.

● ● ●
최상위 목표는 무엇인가

나카타 아츠히코의 활동 양상을 통해 알 수 있는 것은 '좋은 집요함을 발휘하려면 우선 최상위 목표가 무엇인지 생각해야 한다'는 사실이다.

다시 말해 자신이 가장 중요하게 생각하는 목표가 무엇인지 찾아야 한다는 말이다.

가장 먼저 자신이 궁극적으로 이루고자 하는 최종 목표를 정하고, 그러고 나서 구체적인 세부 목표를 세워야 한다.

이러한 '백캐스팅' 방식은 단기적 목표와 장기적 목표에 모두 사용 가능하다. 미래 목표에서부터 출발해 현재 계획을 세우는 역산적 사고방식이기 때문에 '타임머신 기법'이라고도 불린다.

최종적으로 최상위 목표로 이어지기만 한다면 어떤 루트를 선택하든 상관없다. 중간에 수단을 변경해도 된다. 달리기 좋은 길이라서 자전거를 타고 나왔는데 중간에 비가 오기 시작했다면 자동차로 갈아타도 괜찮다.

우왕좌왕 헤매는 것처럼 보일 수도 있지만 최상위 목표에서 벗어나지만 않는다면 문제 되지 않는다.

다만 뚜렷한 동기나 목표가 없는 상태에서
'재미있어 보여서 한번 해봤다'
'저 사람이 하길래 나도 따라 해봤다'
등 제대로 생각하지 않고 일을 시작한 경우에는 그 일에 전력투구하기도 어렵고 결국 중도에 포기할 확률이 높다.

포기가 반복되면 자기효능감이 저하되기 때문에 악순환의 고리에 빠지게 된다.

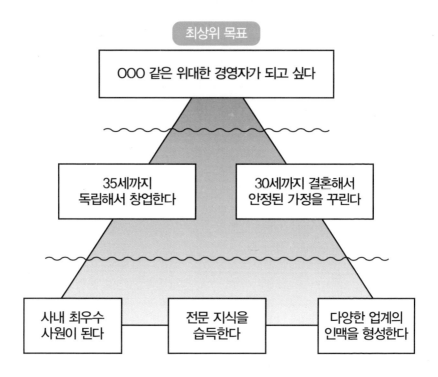

최상위 목표에서 단기 목표를 도출한다

최상위 목표

OOO 같은 위대한 경영자가 되고 싶다

35세까지
독립해서 창업한다

30세까지 결혼해서
안정된 가정을 꾸린다

사내 최우수
사원이 된다

전문 지식을
습득한다

다양한 업계의
인맥을 형성한다

우선 '최상위 목표'를 구체적으로 설정한다(삼각형의 정점). 다음으로
'최상위 목표'를 달성하기 위한 중기 목표를 세운다(삼각형의 가운데).
중기 목표는 자신의 의욕을 불러일으킬 수 있는 것이 좋다. 마지막으로
중기 목표를 달성하기 위해 필요한 작업이나 단기 목표를 상세하게
적는다(삼각형의 하단).

앞에 나온 그림을 참고해서 가장 먼저 최상위 목표를 세우고, 이를 바탕으로 단기 목표 및 세부 작업을 정해보자. 단기 목표와 세부 작업은 나중에 변경해도 상관없다.

앞으로 다가올 미래에 살아남기 위해서는 자기 자신을 자유자재로 바꿀 수 있어야 한다. 필요에 따라 궤도를 수정하고, 버릴 것은 버리고 취할 것은 취하며, 새로운 방식에 끊임없이 도전하는 자세가 중요하다.

누가 뭐라 하든, 주위에서 어떻게 생각하든 오리엔탈 라디오의 나카타 아츠히코처럼 자유롭게 이것저것 시도해보자. 목표를 달성하기 위해서라면 변화를 두려워할 필요는 없다.

그렇다고 아무거나 마구잡이로 해보라는 말은 아니다. 최상위 목표와 연결되는 일인지 여부는 반드시 고려해야 한다.

근성은 필요 없지만
도움을 요청할 필요는 있다

Q.

철봉 거꾸로 오르기를 연습할 때
당신은 어느 쪽?

혼자서 연습했다

다른 사람의 도움을 받으며
연습했다

기업 강연을 나갔을 때 이런 이야기를 들은 적이 있다.

어떤 기업에서 젊은 사원들이 신문을 읽지 않는 것은 문제라고
보고 '신문 매일 읽기'라는 목표를 세웠다.

3주가 지난 뒤 조사해보니 전체 사원의 70%가 '제대로 읽었다'
라고 답했지만, 자세히 살펴본 결과 '매일 빠짐없이 다 읽었다'는
사람은 전체의 10% 정도에 불과한 것으로 나타났다.

이 일화를 통해 기준이 얼마나 중요한지 알 수 있다.

사람들이 '제대로'라고 생각하는 기준은 저마다 다르다. 신문을 똑같이 매일 읽는다고 해도 읽는 방식은 모두 제각각이다. 기준을 제대로 설정하지 않으면 동일한 결과를 기대하기 어렵다.

1장에서 '집요함'이란 누구나 할 수 있는 단순하면서도 효과적인 궁극의 성공 법칙이라고 말한 바 있다.

단순하고 누구나 할 수 있다.
하지만 이 말이 곧 아무나 쉽게 할 수 있다는 뜻은 아니다.

내가 말하는 집요함은 일반적인 수준의 집요함이 아니라 '철저한' 집요함이다.
철저하다는 것은 온갖 수단과 방법을 총동원해서 반드시 목표를 이루고야 만다는 뜻이다.

● ● ● ●

계속하기 위한 수단을 모색하라

철저하게 한다는 것은 생각만큼 쉽지 않다.
다들 한 번 정도는 시도해보지만 실패가 거듭되면 놓아버리고 싶어지기 마련이다.

기업 연수에서 만난 경영자들, 소위 말하는 성공한 사람들의 이야기를 들어보면 한 가지 공통점을 발견할 수 있다.

성공한 사람은 어떤 일을 시작만 하고 중간에 그만두는 일이 없다는 것이다.

반드시 끝까지 한다.

철저하게 하는 것이다.

다들 초등학생 때 철봉 거꾸로 오르기를 힘들게 연습한 경험이 있지 않은가? 말하자면 성공한 사람들은 손바닥이 까질 때까지 연습을 거듭한 결과, 철봉 거꾸로 오르기 달인의 경지에 오른 사람들이라고 할 수 있다.

그렇다고 해서 근성을 발휘하라는 말이 아니다.

나는 근성이라는 말을 좋아하지 않는다. 내가 말하고자 하는 포인트는 철저하게 계속해나갈 수 있는 수단을 찾으라는 것이다.

예를 들어 철봉 거꾸로 오르기라면

· 거꾸로 오르기를 잘하는 아이에게 비결이 무엇인지 물어본다
· 보조 벨트를 사용한다
· 선생님께 방과 후 연습을 도와달라고 부탁한다
· 부모님께 동영상으로 찍어달라고 부탁한 다음 촬영한 영상을 보며 고칠 점을 체크한다
· 유튜브에서 관련 영상을 찾아본다
· 거꾸로 오르기 방법을 소개하고 있는 책을 찾아본다

힘이나 근성을 발휘하지 않고도 성공할 수 있는 방법은 얼마든지 있다.

혼자 하기 어렵다면 다른 사람에게 도와달라고 하면 된다.

계속하기 위해서라면 남에게 부탁할 줄도 알아야 한다.

일도 마찬가지다.

특히 회의는 팀 전체의 생산성 향상이라는 측면에서 봤을 때, 잘만 활용하면 큰 효과를 기대할 수 있다.

대화를 통해 자극을 주고받을 수 있고, 다른 사람의 지혜를 빌릴 수도 있기 때문이다.

최근에는 재택근무 등으로 과거에 비해 대면 회의가 많이 줄어들긴 했지만 '백지장도 맞들면 낫다'라는 말이 있듯이 개개인이 가진 힘은 미약하더라도 그 힘이 합쳐지면 생각지도 못한 힘을 발휘할 가능성이 있다.

일류가 되기 위해
갖추어야 할 또 하나의 자질

Q.

해낼 자신이 있을 때
당신은 어느 쪽?

자신이 있으니
과감하게 공격한다

자신은 있지만
신중하게 공격한다

보험 판매 및 영업 생산성에 관한 조사 결과에 따르면 낙관주의자는 비관주의자에 비해

· 일을 그만두지 않고 계속할 확률은 2배 정도 높으며
· 보험 판매 액수는 25% 더 많고
· 전기통신, 부동산, 사무용품, 자동차, 은행 분야에서는
  20~40% 더 높은 실적을 올리는 것으로 나타났다.

또 미 해군 특수조사부대 대원들은 어려운 상황에 직면했을 때,

긍정적인 말을 하는 훈련을 받는다고 한다.

인간의 머릿속에는 '괜찮다', '할 수 있다'와 같은 긍정적인 말, '어렵다', '불가능하다'와 같은 부정적인 말, 그리고 둘 중 어느 쪽에도 속하지 않는 다양한 말이 혼재한다.

그중에서도 '나는 할 수 있다'라는 말에는 큰 힘이 숨어 있다.

낙관주의는 집요하게 계속하기 위해서 반드시 갖추어야 할 자질 중 하나라고 할 수 있다.

* * *

낙관주의에 더해지면 좋은 것

낙관주의는 집요함을 성공적으로 발휘하기 위한 필요조건이긴 하지만 필요충분조건은 아니다.

아무리 자신감 넘치고 낙관적인 사람이라 하더라도 한 가지 일을 계속하지 못하고 포기하는 경우가 적지 않다.

심리학자 가브리엘 외팅겐은 저서 『무한긍정의 덫』에서 미래를 꿈꾸는 것만으로는 원하는 바를 이룰 수 없다고 말했다.

인간의 뇌는 현실과 공상을 잘 구분하지 못하기 때문에 꿈이 이루어지는 상상을 자주 하면 이미 그것이 이루어졌다고 착각해 더이상 노력하지 않게 된다는 것이다.

또 다이어트에 성공해서 날씬해진 모습을 상상한 사람보다 다이어트에 실패해서 뚱뚱해진 모습을 상상한 사람의 다이어트 성공률이 더 높은 것으로 나타났다. 목표를 세우는 것은 좋지만 그것만으로는 충분하지 않다는 말이다.

지나치게 부정적인 태도도 물론 좋지 않다. 가장 좋은 것은 기본적으로 긍정적인 마인드를 갖추고 거기에 두려움이나 불안감을 아주 약간만 더하는 것이다. 힘든 일이 있을 때, 새로운 일을 시작할 때, 꾸준히 노력할 필요가 있을 때는 '두려움 한 스푼'을 추가하는 것이 효과적이다.

● ● ●
성공한 사람은 두려움을 내 편으로 만든다

성공한 사람들을 많이 만나본 결과, 정상에 있는 사람일수록 엄청난 열정과 끈기를 발휘하는 것은 일종의 두려움을 가지고 있기 때문이라는 사실을 알게 되었다.

미국 메이저리그에서 대활약한 일본인 야구 선수 이치로 역시 열정과 끈기의 아이콘이라고 할 수 있다.

'꿈은 단번에 이룰 수 있는 것이 아니다.
아주 작은 노력들을 꾸준히 쌓아가다 보면
언젠가 상상도 하지 못했던 힘을 발휘하게 된다.'

'자신이 원하는 일을 계속한다면
실패는 할지 몰라도 절대로 후회할 일은 없다.'

'노력하지 않고도 잘하는 사람을 천재라고 한다면
나는 천재가 아니다.
노력해서 잘하게 된 사람을 천재라고 한다면
나는 천재라고 생각한다.'

이치로가 열정과 끈기의 상징이라는 사실은 그의 말에서도 잘
드러난다.

열심히 노력하지 않으면 안 된다는 생각의 근저에는 게으름에 대
한 경계라든지 미래에 대한 불안이 깔려 있다.
이러한 부정적인 감정을 이겨내기 위해서는 끝까지 계속하는 수
밖에 없다.
이치로 선수가 일류가 될 수 있었던 이유는 바로 이 때문이다.

⊕ ⊕ ⊞

우프의 법칙

자신의 내면에 두려움을 적당량 추가하는 방법에는 여러 가지가
있다.

첫 번째는 에팅겐이 제창한 '우프의 법칙'이다. 우프(WOOP)란
총 네 가지 단계의 앞글자를 딴 것으로, 목표 달성률을 높이기 위
한 방법을 의미한다.

머릿속으로 생각만 해서는 의욕이나 동기 부여가 좀처럼 지속되기 어렵다는 점은 이미 앞에서 설명한 바 있다. 이 문제를 해결하기 위해 등장한 것이 바로 우프의 법칙이다.

구체적인 방법은 다음과 같다. 몇 가지 사항을 종이에 적기만 하면 되는 간단한 방법이니 여러분도 꼭 해보기 바란다.

우프(WOOP)의 법칙

Wish(바람): 이루고자 하는 목표를 적는다.
Outcome(결과): 목표를 달성할 경우, 얻게 되는 결과를 적는다.
Obstacle(장애물): 목표 달성을 방해하는 요인을 적는다.
Plan(계획): 장애물을 마주했을 때 이를 극복하거나 회피하기
　　　　　위한 방안을 적는다.

(예시)

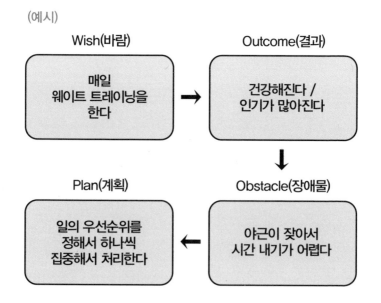

두 번째는 객관적인 관점을 갖는 것이다.

축구 선수 혼다 케이스케가 '리틀 혼다'라는 말을 해서 화제가 된 적이 있는데, 여기서 말하는 리틀 혼다는 사물을 객관적으로 바라볼 수 있는 내면의 자아를 의미한다.

대책 없는 낙관주의는 방심으로 이어지기 쉽다.

그렇기 때문에 한 번씩 멈춰서서 일이 제대로 진행되고 있는지 확인하는 습관을 들이는 것이 중요하다.

확실한 목표를 가지고 일을 진행하다 보면 궤도 수정이 필요해질 때도 있다.

성공한 사람들은 다시 말해 신속하고 정확하게 궤도를 수정할 줄 아는 사람들이다.

나중에 만회할 수 있다고 생각하면 반드시 실패한다. 나중에 만회할 생각을 하지 말고 지금 당장 해야 한다.

'할 수 있다'는 긍정적인 마인드와 '실패할지도 모른다'는 약간의 두려움을 함께 가지고 가는 것, 이것이 바로 집요함을 유지하는 비결이다.

03

귀찮아도 해내는 습관을 만드는 방법

이렇게만 하면
누구든지 집요해질 수 있다

집요함을 유지하게 만들어주는
'ESC의 법칙'

일을 중간에 그만둘 때
당신은 어느 쪽?

시간 낭비를 줄이기 위해
되도록 빨리 그만둔다

가능한 한 여러 가지 방법을
시도해본 후에 그만둔다

1장에서는 행복해지기 위해서는 집요함이 필요하다는 사실을 알아보았고, 2장에서는 집요함을 발휘해 성공한 사람들의 특징은 무엇인지 살펴보았다. 3장에서는 집요함을 체득하는 방법을 소개한다. 이름하여 'ESC의 법칙'이다.

Enjoy 즐긴다

Simple 단순화한다

Check 효과를 확인한다

누구든지 ESC을 통해 집요함을 습관화할 수 있다.

● ● ●
집요하지 못한 사람의 네 가지 유형

구체적인 이야기를 시작하기에 앞서 9쪽에서 소개한 집요함 테스트의 결과를 확인해보자.

집요하지 못한 사람은 어떻게 그만두는지, 언제 그만두는지에 따라 네 가지 유형으로 구분할 수 있다. 다음에 나오는 그래프(82쪽)는 마케팅에서 말하는 제품의 라이프사이클 이론을 습관화 프로세스에 접목시킨 것이다. X축은 시간, Y축은 습관화 정도를 나타낸다(제품의 라이프사이클에서는 Y축이 매출).

당신이 일을 그만두는 시기는?

> **작심삼일형**
>
> **도입기에 이탈**
>
> 〜〜〜〜〜〜〜〜〜〜〜
>
> · **습관이 정착되기 전에 그만두는 경우가 많다.**
> − 어떤 일을 하려고 마음먹어도 사흘을 못 간다
> − 하려고 마음먹었지만 바빠서 차일피일 미루게 된다
> − 한 번에 너무 많은 일을 벌여서 결국 하나도 제대로 하지 못한다

기력소진형

성장기에 이탈

· 서서히 의욕을 잃어가는 경우가 많다.
– 원하는 결과를 얻지 못하면 바로 그만둔다
– 조금씩 귀찮아져서 어느샌가 안 하게 된다
– 지나치게 몰두해서 건강을 해친다

슬럼프형

정체기에 이탈

· 성장이 정체되는 시기에 슬럼프에 빠져서 그만두는 경우가 많다.
– 스스로에 대한 자신감이 사라지고 의욕을 잃는다
– 어차피 잘 안될 거라고 지레 포기한다
– 문제를 혼자서 해결하려고 끙끙대다가 좌절한다

싫증형

성숙기에 이탈

· 한계를 느끼거나 싫증이 나서 그만두는 경우가 많다.
– 목표는 달성하지 못했지만 할 만큼 했으니 이제 끝!
– 이건 안 될 것 같은데 그냥 접고 다른 걸 해볼까?
– 나도 모르겠다, 될 대로 되겠지

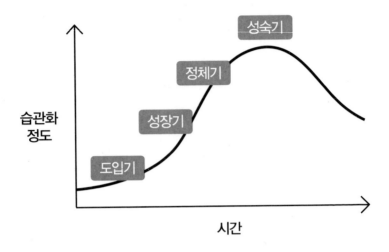

애초에 습관이 정착되지 않는 '작심삼일형'은 '도입기'에 이탈하는 타입이다. 액셀은 밟았는데 시동이 걸리지 않는 경우라고 할 수 있다.

조금씩 의욕을 잃어가는 '기력소진형'은 '성장기'에 이탈하는 타입이다. 이 일을 계속하는 것이 과연 의미가 있을지 회의적으로 생각하는 사람이 많다.

슬럼프에서 헤어나오지 못하고 그만두는 '슬럼프형'은 '정체기'에 이탈하는 타입이다. 일정 수준까지는 한눈팔지 않고 열심히 하지만 한번 흔들리면 좀처럼 다시 일어서지 못하는 사람이 이에 속한다.

열심히 하다가 어느 순간 지긋지긋해져서 그만두는 '싫증형'은 '성숙기'에 이탈하는 타입이다. 이 정도면 충분하다고 생각하고 만족해버리는 우물 안 개구리가 많다.

이탈자가 많이 발생하는 시기는 유형별로 다르다.

이 말은 곧 자신이 어떤 유형인지를 알면 위험한 시기를 피해갈 수 있도록 사전에 대비하는 것이 가능하다는 말이다.

이탈 방지책을 마련할 때 도움이 되는 것이 바로 'ESC의 법칙'이다.

집요함을 유지하기가 어렵다고 느껴지는 시기가 오면 '즐기면서', '단순하게', '효과를 자주 확인'하는 것이 좋다.

특정 시기만 잘 넘기면 집요함을 유지하는 것은 생각보다 어렵지 않다.

만약 당신이 '작심삼일형' 또는 '기력소진형'이라면 이 책의 3장과 4장을 통해 어떤 마인드를 가지고 어떻게 행동해야 할지에 대한 힌트를 얻을 수 있을 것이다. 특히 '기력소진형'이라면 '효과를 확인하는 빈도'를 적절하게 수정하는 것이 중요하다.

'슬럼프형'은 처음부터 끝까지 한 가지 방식만을 고집하거나 혼자서 다 끌어안으려고 하는 타입이 많다. 이 경우는 '일을 즐기는 것'이 중요하다. 5장에서 슬럼프를 극복하는 방법에 대해 소개하고 있으니 그 부분을 참고하면 좋을 것이다.

성과가 나올 때까지 끈질기게 매달려서 제대로 마무리하는 뒷심이 부족한 '싫증형'은 6장에서 다루는 내용이 많은 도움이 될 것이다.

ESC의 법칙에 대한 자세한 내용은 다음 챕터에서 구체적으로 다룰 예정이다.

여기서 명심할 점은 ESC의 법칙을 적용하려면 스스로가 집요함의 중요성을 충분히 인식하고 있어야 한다는 것이다.

나쁜 습관을 고치려면 우선 자신의 습관이 잘못되었다는 사실을 깨닫고 인정해야 한다. 그래야 비로소 변화의 출발점에 설 수 있다.

'집요함'의 중요성을 자각하는 것.

모든 것은 여기서부터 시작된다.

재미없는 일을 재미있게 만들어주는
'잡 크래프팅'

Q.

재미없는 일을 할 때
당신은 어느 쪽?

어쩔 수 없다고 생각하고
받아들인다

재미는 없지만 그래도
무언가 얻을 수 있을 거라고
생각한다

'ESC의 법칙' 첫 번째는 Enjoy, '즐긴다'이다.

재미없는 일은 계속하기 어렵다.
그러니 일단 재미있어야 한다.
일뿐만 아니라 공부나 취미도 마찬가지다.

이때 참고할 수 있는 것이 바로 '잡 크래프팅(Job Crafting)'이다.
잡 크래프팅은 에이미 브제스니에브스키 예일대 경영대학원 교수와 제인 더턴 미시건대 교수가 발표한 이론이다.

경영학에서는 작업 효율을 높이기 위한 방법으로 분업을 추구해 왔다. 그 결과 업무가 세분화됨에 따라 일의 보람이나 즐거움을 느끼지 못하는 사람이 늘어났다.

일에서 의미를 찾지 못하는 사람들을 어떻게 하면 동기 부여할 수 있을지 고민한 끝에 탄생한 것이 바로 잡 크래프팅이다.

● ● ●
새로운 가치를 발견하면 뇌가 즐거워한다

잡 크래프팅은 주어진 업무를 스스로 변화시켜 의미 있는 일로 만드는 일련의 활동을 뜻한다. 일을 대하는 마음가짐이 달라지면 일이 재미있어지고 의욕도 높아진다. 잡 크래프팅을 구성하는 요소는 다음 세 가지다.

1. 인지 크래프팅: 내가 하는 일의 의미를 재정의한다

무사시대학 모리나가 유타 교수는 일의 의미를 재검토하는 것과 관련해 도쿄 디즈니랜드의 청소 스태프를 예로 들어 설명하고 있다.

청소 스태프의 기본 역할은 물론 놀이공원을 청소하는 것이지만, 디즈니랜드의 청소 스태프는 청소뿐만 아니라 양동이에 담긴 물과 빗자루를 사용해 바닥에 디즈니 캐릭터를 그리는 등 다양한 퍼포

먼스로 방문객을 즐겁게 해준다. 청소 스태프에게도 다른 캐스트와 동일한 퍼포머로서의 의미를 부여함으로써 자기 일에 보람과 긍지를 느낄 수 있도록 한 것이다.

저명한 경영학자인 피터 드러커가 말한 세 명의 벽돌공 이야기도 유명하다.

지나가던 행인이 세 명의 벽돌공에게 '지금 무슨 일을 하고 있습니까?'라고 물었다.

벽돌공 A는 '주어진 일을 하고 있다'고 대답했다.

벽돌공 B는 '벽돌로 담을 쌓고 있다'고 대답했다.

벽돌공 C는 '아름다운 성당을 짓고 있다'고 대답했다.

이 중 누가 가장 일을 즐기면서 하고 있는지는 쉽게 알 수 있다.

궁극적으로 누구를 위해 이 일을 하고 있는지를 생각해보면 자신이 하는 일의 진정한 의미를 찾을 수 있다.

예를 들어 전화 영업이 따분하고 지루하기만 하다면 이 전화가 누군가에게 도움이 될지도 모른다고 생각해보자. 생각을 전환하는 것만으로도 내가 하는 일이 지금까지와는 조금 달라 보이지 않는가?

2. 업무 크래프팅: **일의 범위나 방식에 변화를 준다**

대학생 때 술집이나 바를 대상으로 영업하는 아르바이트를 한 적이 있다.

처음에는 문전박대를 당하기 일쑤였지만 직접 만든 막차 시간표를 건네자 내 말을 제대로 들어주는 곳들이 생겨나기 시작했다.

아직 스마트폰이 등장하기 전이라 핸드폰으로 막차 시간을 확인하는 것이 불가능한 시절이었다.

밤에 술을 마시러 오는 손님들이라면 막차 시간을 궁금해하지 않을까 하는 내 예상이 멋지게 들어맞은 것이다.

나의 오리지널 막차 시간표는 술집에서 큰 인기를 끌었고, 취업에도 도움이 되었다.

3. 관계 크래프팅: 인간관계를 재검토한다

마지막 단계는 인간관계에 관한 것이다. 누구와 만나서 어떤 대화를 나눌지 한 번쯤 짚고 넘어갈 필요가 있다.

업무 면에서는 일을 잘하는 사람과 어울리는 것이 가장 좋다.

나 역시 우수한 실적을 올리는 선배 영업 사원들과 같이 다니면서

'이런 방법도 있구나'

'내가 아직 시도해보지 않은 방법들이 많구나'

하는 사실을 깨달을 수 있었다.

다른 사람과의 만남을 통해 배우고 성장할 수 있었던 것이다.

만나는 사람이 한정되어 있다면 대화의 주제나 방식을 바꿔보는 것도 도움이 된다.

대부분의 일은 단조로운 작업의 반복이다. 그래서 잡 크래프팅이 중요하다.

인간은 자신이 과거에 경험한 내용을 바탕으로 좋고 싫음을 판단한다. 동시에 무언가 새로운 정보가 들어오면 뇌는 그것을 쾌감

이나 즐거움으로 받아들인다. 예를 들어 싫어하던 음식을 우연히 먹어보니 예상 외로 맛있어서 즐겨 먹게 되는 것처럼 말이다.

닭을 싫어하는 사람이라면 닭 요리에 여름철 보양식이라는 의미를 부여하고(인지 크래프팅), 삼계탕 대신 치킨이나 닭강정 등으로 조리법을 바꿔보고(업무 크래프팅), 좋아하는 사람들과 함께 먹음으로써(관계 크래프팅) 닭을 맛있다고 느끼게 될 수도 있다.

잡 크래프팅의 기본은 생각의 전환이다. 지금 하는 일이 재미있지 않다면 재미있게 만들면 된다.

기존의 틀에 얽매이지 말고 다양한 시도를 해보자.

하기 싫은 일을
하고 싶게 만드는 방법

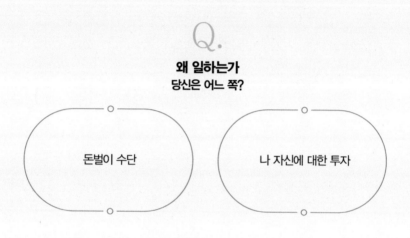

Q.

왜 일하는가
당신은 어느 쪽?

| 돈벌이 수단 | 나 자신에 대한 투자 |

Enjoy, 일을 즐기는 방법은 한 가지 더 있다.

상사가 시킨 일을 하고 싶지 않다.
고객이 요청한 일을 해주기 싫다.

일이니까 하기 싫다고 안 할 수는 없다.
하지만 안 할 수만 있다면 안 하고 싶다. 난감한 상황이다.

이럴 때는 '하고 싶지 않다'를 '하고 싶다'로 바꿔보자.

하기 싫은 일을 자신에게 가치 있는 일, 의미 있는 일로 만들면 하고 싶어질 것이다.

예를 들면 다음과 같다.

C 씨는 상사로부터 거래처에 제출할 기획서를 작성하라는 지시를 받았다.

"이미 다른 기획서를 제출했는데 새로 만들어서 제출하는 게 무슨 의미가 있지?"

이렇게 생각하니 작업이 좀처럼 진행되지 않았다.

C 씨는 생각을 바꿔보기로 했다.

"기왕 하는 일이니 다른 거래처에도 사용할 수 있는 기본 양식을 만들어보자."

C 씨는 자신이 해야 하는 일에 '기본 양식을 만든다'는 새로운 의미를 부여함으로써 '하기 싫다'에서 '하고 싶다'로 방향을 전환하는 데 성공했다.

영업 사원 시절 동료였던 D 씨는 학생 때부터 소설가가 되는 것이 꿈이었다.

소설가와 영업 사원, 두 직업 사이에는 아무 접점이 없어 보이지만 D 씨는 항상 활기찬 모습으로 영업 일에 전력을 다했다.

D 씨는 자신의 꿈에 대해 이야기할 때면 늘 입버릇처럼 이렇게 말했다.

"영업은 사회의 축소판이라고 할 수 있어. 영업 사원으로 일하면서 쌓은 경험은 언젠가 소설가가 되었을 때 반드시 도움이 될 거야."

나도 비슷한 경험을 한 적이 있다.

방문 영업을 하던 당시, 100군데 문을 두드려도 90% 이상은 만나주지도 않았다. 결과가 따르지 않으니 당연히 일도 재미가 없었다. 그래서인지 원래 방문 영업은 이직률도 높은 편이다. 그때 내가 일을 그만두지 않고 계속할 수 있었던 것은

"이 정도로 고생했으니 나중에 뭐라도 도움이 되겠지."

라고 나름대로 의미 부여를 했기 때문이다.

어차피 해야 할 일이라면 '남이 시킨 일'이 아니라 '내가 맡은 일'이라고 생각하는 편이 낫다. 일을 통해 내가 얻을 수 있는 이득은 무엇인지, 반대로 일을 하지 않으면 어떤 손해가 발생하는지 생각해보자.

일에 가치와 의미를 부여하면 의욕과 재미는 자연스럽게 따라온다.

● ● ● ●

Must에서 Will로

생각의 전환에는 'Will · Can · Must의 프레임워크'를 참고하는 것이 도움이 된다.

Will은 '하고 싶은 일'이다. 자신이 바라는 모습, 얻고 싶은 능력

등 본인이 생각하는 이상적인 상태를 가리킨다.

Can은 '할 수 있는 일'이다. 지금까지 쌓아온 경험이나 스킬을 바탕으로 현재의 내가 소화할 수 있는 일을 말한다.

Must는 '해야 하는 일'이다. 주위에서 나에게 요구하는 일을 의미한다.

Will · Can · Must의 프레임워크

Must 안에서 Will에 해당하는 요소를 찾아내
그 부분(두 개의 원이 겹치는 부분)을 키워나가는 것이 가장 이상적

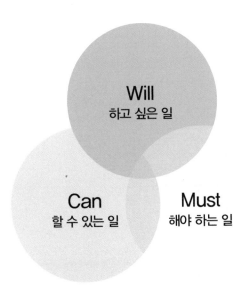

C 씨와 내가 처음에 기획서 작성이나 방문 영업을 하기 싫다고 느낀 것은 그것이 Must이기 때문이다. 의무적으로 해야만 하는 일이라고 생각하니 하고 싶지 않은 것이다.

'하기 싫다'에서 '하고 싶다'로 방향 전환을 할 수 있었던 것은 Must 안에서 Will을 찾아냈기 때문이다.

한 가지 일을 꾸준히 계속해서 마침내 성공한 사람들은 다시 말해 Must를 Will로 변환하는 데 성공한 것이라고 할 수 있다.

● ● ● ●

Will은 어떤 것이라도 상관없다

"Will을 못 찾겠다."

강연을 듣다가 이렇게 푸념하는 사람들이 많다.

'하고 싶은 일'은 곧 '장차 되고 싶은 이상적인 모습'이라고 할 수 있으며, 최상위 목표와도 일맥상통한다.

'목표를 이룬 나는 어떤 느낌일지'를 상상하며 Will을 생각나는 대로 자유롭게 적어보자.

아무것도 떠오르는 것이 없다면 각자가 '좋아하는 일', '신나는 일', '보람을 느끼는 일'이 무엇인지 생각해보고 이를 바탕으로 미래의 이상적인 자신의 모습을 상상해보자.

그래도 모르겠다면 인간의 욕구를 단계별로 구분한 '매슬로의 욕구 위계론'을 한번 살펴보기 바란다. Will은 매슬로의 다섯 단계 욕구 중 가장 아래에 위치하는 '자고 싶다', '먹고 싶다'와 같은 생리적 욕구여도 상관없다.

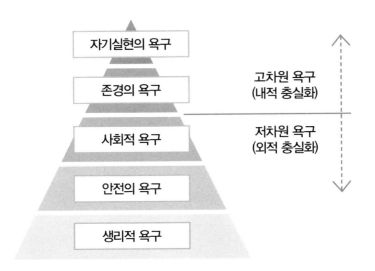

매슬로의 욕구 위계론

자기실현의 욕구

존경의 욕구

고차원 욕구
(내적 충실화)

사회적 욕구

저차원 욕구
(외적 충실화)

안전의 욕구

생리적 욕구

회사 방침으로 영어 공부를 해야만 하는 상황을 예로 들어보자. 이것은 Must에 해당한다. 여기서 Will을 찾으려면 어떻게 해야 할까?

영어를 잘하게 되면 어떤 장점이 있는지 생각해보면 된다. 맘 편히 해외여행을 다닐 수 있다, 외국인을 만나도 긴장하지 않고 대화할 수 있다, 외국인 애인을 사귈 수 있다, 이런 상상을 하면 가슴이 두근거리지 않는가?

영어를 공부하는 목적과 이유를 회사 기준이 아니라 내 기준에서 다시 설정해보는 것만으로도 Must를 Will로 바꾸어 하기 싫은 영어 공부를 가치 있는 일로 만들 수 있다.

무리해서 고차원적인 Will을 만들어내는 것보다 자신의 욕구를 있는 그대로 솔직하게 드러내는 편이 훨씬 더 큰 효과를 기대할 수 있다.

어려워 보이는 일을 쉽게 만드는 방법

Q.

일하는 복장
당신은 어느 쪽?

만나는 사람에 따라
매번 바꿔 입는다

유니폼처럼
어느 정도 통일하는 편이다

'ESC의 법칙' 두 번째는 Simple, '단순화'이다.

집요함을 발휘하려면 일단 단순해야 한다.

당신이 현재 다이어트 중이라면 다음 중 어느 쪽을 선택하겠는

가?

A. 체중계를 선반에 넣어두고 사용할 때마다 꺼낸다.

B. 체중계를 눈에 잘 띄는 곳에 놓아둔다.

당연히 B를 선택해야 체중계 사용 빈도가 늘어나고 체중 변화를 체크하기 쉬울 것이다.

1년 365일 다이어트 중인 나 역시 아침에 일어나서 옷 입으러 가는 동선상에 체중계를 놓아두었다.
반드시 지나갈 수밖에 없는 위치이기 때문에 아침마다 체중계에 올라 몸무게를 재는 것이 습관화되었다.

여기서 핵심은 의식적으로 해야 하는 일을 무의식적으로 할 수 있게 만드는 것이다.
보다 적은 에너지로 보다 큰 효과를 거두는 것, 이것이 바로 'Simple, 단순화'의 목적이다.

◈ ◈ ◈

대상을 단순화하면 집요해질 수 있다

중간에 그만두지 않고 집요하게 계속하는 사람들은 다음과 같은 공통점을 가지고 있다.

1. 기본 포맷을 만든다
스티브 잡스나 마크 저커버그가 공식 석상에서 어떤 옷을 입는지 주의 깊게 살펴본 적이 있는가?
이들은 늘 똑같은 옷을 입는다. 옷을 고르는 데 시간과 에너지를 낭비하지 않기 위해서이다.

하나로 정해두면 고민할 필요도 없고, 계속하기도 쉬워진다.

2. 수고를 줄인다

업무 메일에 대한 답장을 보낼 때, 당신은 어떤 방법을 사용하는가?

사무실에서 일하는 중이라면 컴퓨터로 답메일을 작성할 것이고, 이동 중에 메일을 받았다면 스마트폰으로 답을 하는 사람도 많을 것이다.

나는 주로 스마트폰의 음성 입력 기능을 사용한다.

그게 가능할까 싶은 사람은 본인의 스마트폰으로 직접 한번 해보기 바란다.

자판을 두드리는 것보다 열 배는 더 빠르게 답장을 보낼 수 있다.

최근 유튜버로도 활발히 활동하고 있는 멘탈리스트 DaiGo는 촬영에서부터 업로드에 이르기까지 영상 제작의 전 과정을 아이폰 하나로 처리한다고 한다.

품질은 유지하면서 일하는 데 들이는 수고를 줄이면 시간이 단축되고, 남는 시간과 에너지를 보다 유의미하게 활용할 수 있다.

3. 판단할 일을 줄인다

앞서 말했듯이 판단하는 데 소모되는 에너지를 최대한 줄여야 한다.

여러 가지 선택지를 비교해서 그중 하나를 고르는 것은 생각보다 많은 에너지를 필요로 한다. 판단해야 하는 일이 많으면 나도 모르는 사이에 결정 피로에 빠질 수 있다.

이런 경우에는 심리학자 하이디 그랜트 할버슨이 저서 『작심삼일과 인연끊기』에서 소개한 'if-then 플랜'을 참고하면 좋다.
'if-then 플랜'은 해야 하는 일을 조건반사적으로 처리하게 되는 궁극의 방법론이다.

방법은 간단하다.
'만일 OO한다면 XX하겠다'
라는 수식에 행동을 대입해서 실천하면 된다.

'19시가 되면 헬스장에 가겠다'
'회의가 시작되면 최소 한 번 이상 발언하겠다'
'지하철을 타면 영어 단어를 5개 외우겠다' 등등.

어떤 행동을 하느냐에 따라 정도의 차이는 있겠지만 보통 2개월 정도 계속하면 습관화되어 무의식적으로 계속하게 된다.
통상적으로 if-then 플랜을 사용하면 성공률이 두세 배 더 높아진다고 알려져 있다.

특정 요일을 'OO의 날'이라고 정해두는 것도 방법이다. 예를 들어 '월수금은 헬스장 가는 날'이라고 정해두면 매번 헬스장을 갈지 말지 고민하지 않아도 된다.
별것 아닌 것 같아 보여도 효과는 확실하다.

· · ·

중간 결과를 확인하면
의욕에 불이 붙는다

Q.

목표를 설정할 때
당신은 어느 쪽?

최종 목표를 세분화해서
중간중간 경과를 확인한다

최종 목표를 정해두고
마지막에 결과를 확인한다

'ESC의 법칙' 마지막 세 번째는 Check, '효과를 확인'하는 것이다.

내가 다닌 리쿠르트 회사의 인사 평가 방식은 쿼터제였다.
쿼터제란 1년을 4등분해서 3개월 단위로 업무 목표를 설정하는 것으로, 구글 등 많은 기업에서 사용하는 방식이다.

지금 와서 생각해보면 당시 내 주위에는 목표를 달성하고자 하는 의지가 강한 사람이 많았다.

영업 사원의 경우에는 저마다 3개월 단위로 영업 목표가 주어지고, 이를 달성하면 사내 표창을 받았다.

영업 목표는 자신이 어느 정도 달성했는지 파악하기 쉽도록 구체적인 숫자로 제시되었다.

3개월에 한 번씩 처음에 설정한 영업 목표와 실제 영업 실적을 바탕으로 부서장 면담이 진행되었는데 여기서는 주로

"조금만 더 노력하면 달성할 수 있겠는데?"

"다음번엔 목표를 달성할 수 있겠다."

하는 식의 긍정적인 피드백이 이루어지는 경우가 많았다.

이러한 기업 풍토가 반드시 목표를 달성하고야 말겠다는 강한 의지를 가진 인재를 길러낸 것이 아닌가 싶다.

· 창조성이 요구되는 업무에서는 자신의 성과나 발전상을 확인하는 빈도가 잦을수록 일의 생산성이 높아진다
· 자신이 취한 행동에 대한 결과를 확인하는 행위는 의욕을 불러 일으킨다

이렇듯 중간 결과 확인이 효과적이라는 것은 이미 심리학 분야에서도 실험을 통해 입증된 사실이다.

● ● ● ●

효과를 가시화하면 의욕이 상승한다

중간 결과를 확인하려면 기록하는 습관을 들이는 것이 좋다.

예를 들어 다이어트를 하겠다고 마음먹었다면 매일 체중을 재서 그래프에 표시하고, 독서 습관을 들이겠다고 마음먹었다면 매일 읽은 책의 제목과 분량을 기록하는 식이다.

이때 주의할 점은 기록하는 행위 그 자체가 목적은 아니라는 것이다.

앞에서 말했듯이 과정이 복잡하면 그 일을 계속하기가 어렵다.

기록하는 게 귀찮아서 하기 싫어진다면 본말전도라고 하지 않을 수 없다. 기록은 어디까지나 쉽고 간편해야 한다.

앱을 활용하는 것도 좋은 방법이다.

다이어트와 관련해서는 매일 체중 및 식단을 기록할 수 있는 앱이라든지 체중계로 측정한 데이터를 스마트폰으로 전송해 일괄적으로 관리할 수 있는 앱 등이 있다.

나는 비즈니스 스킬 관련 유튜브 채널을 운영 중이다. 유튜브 채널 관리 화면에서는 구독자 수, 조회수 등이 자동으로 그래프로 표시된다. 처음에는 숫자가 좀처럼 늘지 않아 고민이 많았지만, 지금은 이 그래프를 보고 있기만 해도 가슴이 두근거린다.

다시 말하지만 기록은 '효과를 확인'하기 위한 것이다.

현재 내 상태를 파악하기 위해서라는 본래의 목적을 잊어서는 안 된다.

기록을 통해 결과를 직접 눈으로 확인하면 열심히 노력한 자신을 칭찬해줄 수 있고 자존감도 높아진다.

과거 365일간의 채널 조회수

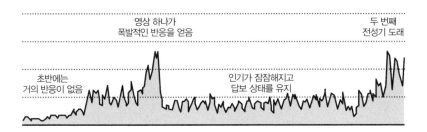

영상 하나가
폭발적인 반응을 얻음

두 번째
전성기 도래

초반에는
거의 반응이 없음

인기가 잠잠해지고
답보 상태를 유지

해당 기간의 인기 영상

	영상	평균 시청시간	조회수
1	일 잘하는 사람이 말하는 법 Top 5 2020/05/13	5:32 (39.1%)	209,250
2	세일즈 토크의 기본 스킬 2020/01/14	4:38 (43.7%)	161,344
3	신규 영업 노하우 Part.7 2020/03/19	8:04 (42.4%)	64,970
4	전화 영업이 어려운 사람들을 위한 꿀팁 2020/07/14	5:50 (42.1%)	59,121
5	신규 영업 노하우 Part.1 2019/10/14	4:08 (51.9%)	55,571

···

에너지는 일의 중요도에 따라
효율적으로 배분하라

Q.

동시에 여러 가지 일을 진행할 때
당신은 어느 쪽?

모두 중요한 일이니
멀티태스크로
동시에 처리한다

모두 중요한 일이지만
순서를 정해
하나씩 처리한다

이번에는 'ESC의 법칙'을 보강하는 방법에 대해 알아보자.

앞서 2장에서 최상위 목표를 정하라고 말한 바 있다.
최상위 목표를 설정하면 집요함을 발휘하는 데 좋은 동기 부여
가 된다.
여기서 한 가지 더 확인하고 넘어갈 문제가 있다.

'지금 무엇을 해야 하는지 구체적으로 파악하고 있는가?'

지금으로부터 약 50년 전, 심리학자 월터 미셸 박사는 어린이집 원생들을 대상으로 다음과 같은 테스트를 실시했다.

우선 아이들이 좋아하는 마시멜로를 탁자 위에 올려놓는다. 그리고 다음 두 가지 선택지를 제시한다.

A. 눈앞에 놓인 마시멜로 한 개를 지금 바로 먹는다
B. 15분 동안 마시멜로를 먹지 않고 참으면 마시멜로 두 개를 먹을 수 있다

실험자는 아이들에게 참기 어려운 사람은 언제든지 벨을 누르고 눈앞의 마시멜로를 먹어도 된다고 설명한 다음 실험실 밖으로 나와 아이들을 관찰했다.

실험에 참가한 아이들 중 3분의 2는 참지 못하고 바로 마시멜로를 먹었다. 15분 동안 기다려서 두 개를 먹은 아이는 전체의 3분의 1에 불과했으며, 기다린 시간은 평균 6분 정도였다.

이 실험은 아이들을 대상으로 진행되었지만, 어른들도 크게 다르지 않다. 즉 인간은 대체로 눈앞의 보상을 과대평가하고 미래의 보상을 과소평가하는 경향이 있다는 말이다.

이러한 현상을 가리켜 행동경제학에서는 '쌍곡형 할인'이라고 한다.

'재미있는 영화가 나왔다고 하니 자격증 공부는 내일부터 하자.'

이렇게 생각하게 되는 이유도 쌍곡형 할인으로 설명이 가능하다.

눈앞의 유혹에 넘어갈 것 같을 때는 미래에 얻게 될 보상을 구체적으로 떠올려보자. 자격증을 따서 무엇을 할지 생각해보는 것이다. 자격증 수당을 받는다, 1년 뒤에 이직한다, 마흔에는 독립한다 등등.

꿈이나 목표가 구체적일수록 지금 무엇을 해야 하는지가 분명해지고, 유혹에 넘어가거나 미루는 일 없이 바로바로 처리하게 된다.

유혹에 넘어가기 쉬운 성격이라면 꼭 필요할 때 외에는 스마트폰이나 컴퓨터 전원을 꺼놓는 것도 방법이다.

● ● ●

무엇에 집중할 것인지는 매트릭스로 정한다

한 가지 더 짚고 넘어가야 할 사항이 있다.

'할 일이 너무 많지는 않은가?'

인간의 뇌는 구조상 여러 가지 일을 동시에 처리하는 '멀티태스크'에 적합하지 않다. 한 번에 한 가지 일을 처리하는 '싱글태스크' 쪽이 집중력을 유지하기도 좋고 훨씬 더 효율적이다.

따라서 무엇부터 처리할지 우선순위를 정해야 한다.
이때 사용할 수 있는 것이 바로 '긴급도-중요도 매트릭스'이다.

긴급도·중요도 매트릭스를 활용한다

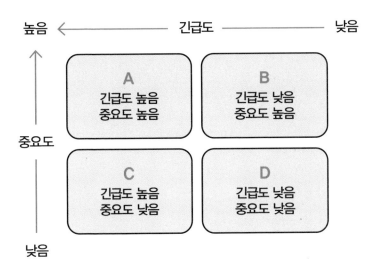

이 표에 해야 할 일들을 적어 넣고 각각의 우선순위를 정한다.

A는 긴급도와 중요도가 모두 높아 가장 먼저 처리해야 하는 일이다 (고객 불만 대응, 납기가 임박한 작업 등).

반대로 D는 긴급도와 중요도가 모두 낮은 잡무에 해당한다.

'긴급도-중요도 매트릭스'는 비즈니스를 비롯한 다양한 분야에 적용 가능하다.

이 매트릭스를 사용해서 긴급도와 중요도에 따라 일의 우선순위를 정해두면 지금 힘을 어디에 쏟아야 하는지 파악하기가 쉬워진다. 꾸준함의 관점에서 봤을 때 가장 주의해야 하는 것은 B다.

중요도는 높지만 긴급도가 낮은 일은 결과가 금방 드러나지 않는 경우가 많기 때문에 중간에 포기하거나 그만두기 쉽다.

해야 할 일을 수첩에 적는 것도 효과적이다.
계획을 구체화하면 성공 가능성이 300% 높아진다고 한다. 수첩에 적기만 해도 엄청난 효과를 기대할 수 있다는 말이니 반드시 시도해보기 바란다.

무엇을 버릴지 정해라

Q.

할 일이 많을 때
당신은 어느 쪽?

내가 직접 하는 편이
빠르니
혼자서 처리한다

남에게
부탁할 수 있는 일은
넘긴다

앞에서 '중요도-긴급도 매트릭스'를 이용해 일의 우선순위를 정하는 것에 대해 알아보았다.

우선순위를 정한다는 것은 먼저 처리해야 할 일을 정하는 동시에 불필요한 일을 덜어낸다는 의미이기도 한다.

107쪽 표에서 D에 해당하는 일은 급하지도 않고 중요하지도 않으니 가능하면 줄여나가는 것이 좋다. C도 꼭 필요한 일인지 확인해볼 필요가 있다.

한 번에 다 없애는 것보다는 정말로 하지 않아도 되는 일인지 충분히 검토해 순차적으로 정리해나가는 편이 안전하다.

그 외에 다음 세 가지도 명심해야 한다.

1. 혼자 하는 편이 더 빠르다는 생각을 버린다

'빨리 가고 싶으면 혼자 가고, 멀리 가고 싶으면 함께 가라'

아프리카 속담 중에 이런 말이 있다.
처음 들었을 때 그야말로 정곡을 찌르는 말이라고 감탄했던 기억이 난다.

최상위 목표는 빨리 달성하는 것보다 제대로 달성하는 것이 더 중요하다.
모든 것을 혼자 짊어지지 않아도 된다는 말이다.
남에게 맡길 수 있는 일은 맡기는 것이 좋다. 주위 사람들의 힘을 적극 활용하자.

2. 결과로 이어지지 않는 것은 버린다

어떤 일을 가치 있다고 여기는지는 사람마다 다르겠지만 최상위 목표를 달성하는 데 도움이 되지 않는 일은 망설임 없이 쳐내는 편이 좋다.

오늘 한 일을 종이에 적어보자.

목표와는 아무 상관도 없는 일들이 있지 않은가?

그런 일은 용기 내서 쳐내고, 남는 시간은 정말로 해야 하는 일에 사용하자.

3. 코로나19 이전에 대한 집착을 버린다

일본에서 처음으로 신종 코로나바이러스 감염증 환자가 발생한 것은 2020년 1월이었다.

그때부터 지금까지 생활의 많은 부분이 바뀌었다.

'코로나만 아니었으면…' 하고 좋았던 과거의 기억에 매달려 있는 것은 아무 도움도 되지 않는다.

'코로나가 유행하기 전에는 이랬는데'가 아니라 '지금은 코로나가 유행하고 있으니까 이렇게 하면 되겠다'라고 생각을 전환할 필요가 있다.

예를 들어 사무실에 나가지 않으니 업무에 집중하기가 어렵다고 불만을 늘어놓는 대신 어떻게 하면 집에서 일하면서 집중력을 발휘할 수 있을지 방법을 찾아보는 것이다.

빠르게 변화하는 세상에서 살아남기 위해서는 고정관념을 버리고 지금 할 수 있는 일에 집중하는 것이 중요하다.

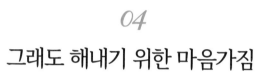

04

그래도 해내기 위한 마음가짐

마인드셋 정립하기

쓸데없는 데 의욕을 소모하지 마라

만약 내가 경영자라면
당신은 어느 쪽?

모든 자원을
한 군데에 집중한다

자원은
여러 군데에 분배한다

『의지력의 재발견 Willpower』의 저자 로이 바우마이스터는 연구를 통해 다음과 같은 사실을 알아냈다.

· **의지력의 저장고는 하나뿐이다**
· **의지력은 사용하면 줄어든다**

이것이 사실이라면 어떤 일을 계속하기 위해서는 되도록 힘을 분산시키지 않는 편이 좋다.

알기 쉽게 예를 들어보자.

E 씨는 '3개월 후에 있을 파티에서 예쁜 드레스를 입기 위해 살을 5kg 빼겠다'는 목표를 설정하고 다음과 같은 계획을 세웠다.

1. 유명 트레이너에게 PT를 받는다
2. 매일 아침 1시간씩 파워워킹으로 공원을 산책한다
3. 저녁에는 식사 대신 효소를 섭취하는 효소 다이어트를 한다
4. 친구들과의 술자리는 주 3회에서 주 1회로 줄인다
5. 체중과 식단을 매일 수첩에 기록하고 확인한다

'아침에는 파워워킹 산책, 저녁에는 효소 다이어트를 하고, 친구들과 술 마시는 대신 PT를 받고, 매일 아침 나갈 준비를 하면서 몸무게를 재고, 아침 저녁으로 먹은 것들을 수첩에 적으면 되겠다.'
E 씨는 이렇게 생각하고 위 다섯 가지 방법을 동시에 진행하기로 했다.
시간대도 겹치지 않고, 충분히 가능하다고 판단했기 때문이다.

3개월 후, E 씨는 목표로 한 드레스를 입지 못했다. 5kg 감량에 성공하지 못한 것이다.

바우마이스터의 이론에 따르면 E 씨가 실패한 원인은 다섯 가지를 동시에 진행했기 때문이다.
의지력의 저장고는 하나뿐이고, 의지력은 사용하면 줄어들기 때문에 다섯 가지 방법을 병행하는 것은 현명한 방법이 아니다.
힘을 분산하면 각각에 쏟는 힘은 줄어든다. 다섯 가지 일을 동시에 진행하면 각각에 쏟는 힘은 전체의 5분의 1이 된다.

더하면 100%가 되기는 하지만 각각은 20%밖에 되지 않으니 비효율적이다.

E 씨의 경우에는 5kg 감량이라는 최상위 목표 달성에 가장 적합한 방법을 한 가지만 골라서 거기에 집중하는 편이 훨씬 효과적이었을 것이다.

예를 들어 살을 빼는 데 PT가 가장 효과가 클 것 같다면 PT에 전력을 다하는 것이다.

정기적으로 몸무게를 확인해서 생각보다 효과가 없다면 다른 방법으로 바꾸면 된다. 목표를 달성하기 위한 노력만 계속 이어간다면 방법은 얼마든지 바꿔도 상관없다.

여러 가지를 동시 진행하는 것은 마지막에 좋은 결과를 얻기도 어렵고, 계속하는 습관을 들이는 데에도 도움이 되지 않는다.

의욕을 최대한 발휘하려면 한 우물을 파는 것이 가장 좋다.

성공한 미래를
최대한 구체적으로 상상하라

자신의 미래에 대해서
당신은 어느 쪽?

성공한 모습을
상상해본다

김칫국은
마시지 않는다

앞서 소개한 E 씨의 사례에서 한 가지 더 배울 점이 있다.
바로 성공한 모습을 구현화하는 것이다.

5kg 감량이라고 수치로 정하는 것도 좋지만, '이 드레스를 입을
수 있을 정도'라고 정해두는 편이 훨씬 더 구체적이다.

성공한 모습을 구체적으로 그려보는 것은 그 일을 계속하는 데
커다란 동기 부여가 된다.

나는 지금까지 자기계발 분야의 책을 몇 권 출간한 경험이 있는데 그때마다 목표는 10만 부 돌파였다.

'10만 부 돌파'라는 것 자체가 이미 꽤 구체적인 목표라고 할 수 있지만 거기서 멈추지 않고 더 구체적으로 파고 들어갔다.

'이 책이 10만 부 넘게 팔리면 기분이 어떨까?'

'가족들은 어떤 반응을 보일까?'

'강연 등 지금 내가 하고 있는 다른 일들에는 어떤 영향을 미칠까?'

이런 상상을 하면서 생각나는 대로 노트에 적어보았다.

자신이 꿈꾸는 미래의 모습을 머릿속에서 구체적으로 그려보면 목표도 분명해진다. 목표가 구체적일수록 지금 무엇을 해야 하는지도 뚜렷해지고 동기 부여도 된다. 선순환의 고리가 만들어지는 것이다.

도미니칸대학 심리학 교수인 게일 매튜스의 연구에 따르면 목표를 손으로 직접 적어둔 사람은 그렇지 않은 사람보다 목표를 이룰 가능성이 훨씬 높은 것으로 나타났다.

머릿속에 떠오르는 생각은 일단 노트에 적어보자. 나 역시 집필 당시 사용한 노트는 모두 소중히 보관하고 있다.

좀처럼 이미지가 떠오르지 않는다면 동경하는 인물에 자신을 대입하는 모델링 기법을 사용하는 것도 가능하다. 여기서 모델은 만화 주인공 같은 가상의 인물이어도 상관없다.

'이 사람이라면 어떻게 할까?'

이런 식으로 생각이나 이미지를 구체화해보는 것이다.

참고로 많은 사람들이 자신을 다른 사람과 비교하는 경우가 많은데, 그보다 중요한 것은 '미래의 나와 비교했을 때 현재의 나는 어떤 상태인가'라는 점이다.

해야 하는 일(Must)에서 벗어나 하고 싶은 일(Will)을 보다 구체화하는 것이 중요하다.

자기만의 강점을 극대화하라

Q.

강점에 대해서
당신은 어느 쪽?

강점이
없는 사람도 있다

누구에게나
강점은 있다

집요해지기 위한 마음가짐 세 번째는 '강점을 살리는 것'이다.

다른 사람보다 잘하는 것, 좋아하는 것이 곧 나의 강점이다.
강점을 잘 살리면 한 가지 일을 계속하기도 쉽고 성공과 행복을
손에 넣을 수 있다.

이와 관련된 사례를 살펴보자.

직장 후배인 F 씨는 과거 은둔형 외톨이였다. 사람들과 대화하는

것을 어려워하는 성격이라 영업 실적은 늘 바닥을 기었다.

내가 봤을 때 F 씨는 사교성은 좀 떨어지지만 집중력이 굉장히 높았다. 그래서 F 씨에게 이렇게 제안했다.

"F 씨는 구형 핸드폰에 대해 잘 아니까 구형 핸드폰으로 구인 광고를 보는 사람들을 위한 레이아웃을 생각해보면 어떨까?"

2주 뒤 F 씨가 제출한 보고서에는 기종별로 가장 보기 좋은 레이아웃이 완벽하게 정리되어 있었다.

F 씨가 작성한 매뉴얼은 회사의 소중한 재산이 되었고, 이 일을 계기로 지금까지 대화가 서툴다고만 여겨졌던 F 씨를 모두가 높이 평가하게 되었다.

내향적인 성격의 후배 G 씨 역시 영업 실적이 좋지 않았다. 그러던 어느 날 G 씨의 상사는 우연히 G 씨가 사진에 관심이 많다는 사실을 알게 되었다.

"미팅 때 카메라를 들고 가면 어떨까?"

업무에 취미를 접목시킨다는 생각을 해본 적이 없었던 G 씨는 조금 당황했지만 상사의 조언을 받아들여 다음 미팅 때는 자신이 애용하는 카메라를 들고 갔다. 그리고 클라이언트에게 서비스로 구인 광고에 어울릴 만한 사진을 몇 장 찍어주었다.

G 씨의 사진을 사용한 구인 광고는 큰 인기를 끌었고, 입소문이 퍼지면서 G 씨에게는 구인 광고용 사진을 찍어달라는 의뢰가 쇄도했다.

그 결과 G 씨의 영업 실적은 조금씩 좋아졌고, 마침내 우수 영업 사원으로 선정되기에 이르렀다.

● ● ● ●

강점을 찾아주는 '모티베이션 그래프'

F 씨와 G 씨 모두 자신이 지닌 강점을 무기 삼아 꾸준히 노력한 끝에 성공할 수 있었다.

강점을 살릴 기회가 없다면 만들면 된다.
강점이 없다면 찾으면 된다.

강점을 찾을 때 사용할 수 있는 것이 바로 '모티베이션 그래프' 이다.

모티베이션 그래프란 자신의 경험을 바탕으로 과거부터 지금까지 동기가 어떻게 변해왔는지 살펴보기 위한 것이다. 동기를 세로축, 시간을 가로축에 놓고 시간의 흐름에 따라 자신의 동기가 어떻게 변해왔는지를 그리면 된다.

'언제 동기가 높아졌는가/낮아졌는가'
'동기가 높아진/낮아진 계기는 무엇인가'
그래프를 바탕으로 위와 같은 사항을 체크해보면 자신이 주로 어떤 상황에서 가장 큰 힘을 발휘하는지 알 수 있다.

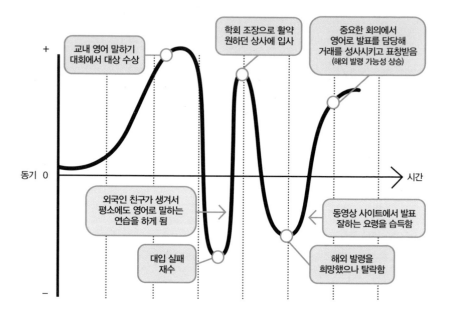

모티베이션 곡선을 사용해서 강점을 찾는 방법

교내 영어 말하기 대회에서 대상 수상

학회 조장으로 활약 원하던 상사에 입사

중요한 회의에서 영어로 발표를 담당해 거래를 성사시키고 표창받음 (해외 발령 가능성 상승)

+

동기 0

시간

외국인 친구가 생겨서 평소에도 영어로 말하는 연습을 하게 됨

대입 실패 재수

동영상 사이트에서 발표 잘하는 요령을 습득함

해외 발령을 희망했으나 탈락함

−

1. 과거를 떠올리며 동기가 상승했을 때와 하락했을 때를 그래프로 표시한다.

2. 곡선의 고점과 저점에 각각의 계기가 된 사건을 적어넣는다.

3. 고점을 찍었을 때의 공통점은 무엇인지, 저점에서 고점으로 돌아서게 된 계기는 무엇이었는지 생각해본다.

위 그래프에서 고점을 기록했을 때의 공통점은 '다른 사람들에게 좋은 평가를 받았다'라는 것이고, 저점에서 고점으로 돌아서게 된 계기는 '잘하는 사람을 본보기로 삼아 따라 했다'는 것이다. 따라서 이 사람의 장점은 '모델링(134쪽 참조)'이라고 할 수 있다.

모티베이션 그래프에서 저점은 난관에 부딪혔을 때, 또는 좌절을 경험했을 때에 해당한다. 여기서부터 동기가 다시 상승세로 돌아섰다는 것은 좌절이나 난관을 극복하기 위해 어떤 힘을 발휘했다는 뜻이다. 본인은 의식하지 못했을 수도 있지만 이런 식으로 구체적으로 적어보면 자신의 강점이 무엇인지 자연스럽게 깨닫게 된다.

이처럼 과거의 경험을 잘 살펴보면 누구든지 자신의 강점을 찾을 수 있으며, 강점을 잘 활용하면 일을 포기하지 않고 계속할 수 있다.

무엇을 해도 금방 질린다면
'변화'를 활용하라

Q.

싫증에 대해서
당신은 어느 쪽?

쉽게 싫증을 내는 것은
좋지 않다고 생각한다

싫증이 나는 것은
어쩔 수 없다고 생각한다

싫증이 나는 것은 잘못이 아니다.
뇌의 특성상 피할 수 없는 일이기 때문이다.

인간이라면 누구나 싫증이 날 수밖에 없다.
따라서 싫증이 났을 때 어떻게 대처할 것인지가 중요하다.

앞에서 말했듯이 어떤 일을 꾸준히 계속하기 위해서는 중간중간
진행 상황을 체크해서 계획이나 방법을 변경해가는 것이 효과적이다.

변화를 두려워하지 말고 권태기를 극복하기 위해 적극적으로 노력해야 한다는 말이다.

아무리 재미있고 가치 있는 일이라 하더라도 시간이 지나면 조금씩 지겨워지고 의욕이 줄어들기 마련이다.
직원들의 의욕 저하를 막기 위해 대다수 기업에서는 다양한 변화를 시도한다.

회사에서는 일반적으로 2~3년에 한 번 정도 적당한 타이밍에 배치전환이나 부서 이동을 실시한다. 새로운 업무에 적응하게 함으로써 근로 의욕을 환기시키기 위함이다.

나는 건강을 위해 매일 낫토를 먹고 있는데 아무리 건강에 좋다고는 해도 매일 똑같은 음식을 먹으면 질릴 수밖에 없다. 그럴 때는 다음과 같은 방법을 취한다.

· 쪽파, 깨, 김치, 바질 등을 곁들여 먹는다
· 평소와 다른 그릇에 담아 먹는다
· 다른 브랜드의 낫토를 먹는다
· 다른 방법으로 요리해 먹는다

회사에서 매일 하는 업무라면 작성 양식이나 작업 순서를 바꿔본다든지 업무를 보다 효율적으로 처리할 수 있는 앱을 사용해본다든지 하는 방법도 가능하다.

무슨 큰 차이가 있을까 싶겠지만 실제로 해보면 아주 작은 변화로도 충분히 기분 전환이 된다는 사실을 깨닫게 될 것이다.

● ● ● ●

「몬스터 헌터」에 질리지 않는 이유

2004년에 출시되어 지금까지도 많은 사랑을 받고 있는 「몬스터 헌터」는 끊임없이 등장하는 몬스터를 계속해서 쓰러뜨리는 게임이다. 사람들은 이렇게 단조로운 게임을 질리지도 않고 몇백 시간씩 플레이한다. 이유는 간단하다. 게임 방식은 단순하지만 캐릭터의 외형이나 조작 방식이 조금씩 변하고, 플레이어의 레벨에 따라 난이도가 달라지고, 노력에 따라 많은 보상이 주어지기 때문이다.

이처럼 인기 게임에서는 대부분 스테이지를 하나 클리어할 때마다 새로운 아이템이 주어지거나 새로운 적이 등장한다. 자기가 플레이하는 캐릭터의 성장을 실감할 수 있고, 일정 단계마다 레벨 업이나 아이템 보상 등 긍정적인 변화가 기다리고 있기 때문에 질리지 않고 계속해서 플레이하게 된다. 그야말로 뇌의 특성을 완벽하게 고려해 만들어진 게임이라고 할 수 있다.

「몬스터 헌터」처럼 일정 단계를 지날 때마다 자신에게 상을 준다든지 사소한 변화에서 즐거움을 찾는 습관을 들이면 일을 계속하는 데 많은 도움이 된다.

좋아하는 요소 추가하기

지겨움을 방지하기 위해 자신이 좋아하는 요소를 더하는 방법도 있다.

달리기를 할 때 음악을 듣는 것을 예로 들 수 있다.

그냥 달리는 것보다 리듬에 맞추어 달리는 것이 훨씬 즐겁다. 실제로 음악에는 피로감을 덜어주는 효과가 있다는 사실이 최근 연구를 통해 밝혀지기도 했다.

달리기는 단조로운 운동이지만 좋아하는 음악을 들으며 달리면 지루함을 잊을 수 있다.

공부나 일도 마찬가지이다. 일반적으로 공부할 때 음악을 듣는 것은 좋지 않다고 하지만 음악을 듣는 것이 본인의 학습 의욕 상승에 도움이 된다면 반드시 나쁘다고 볼 수만은 없다.

05

좌절과 슬럼프를 극복하는 방법

집요함을 한 단계 더 끌어올리기

모방은 창조의 어머니

다른 사람의 업무 노하우
당신은 어느 쪽?

| 따라 하는 건 좋지 않다 | 따라 할 수 있으면 따라 한다 |

일을 하다 보면 벽에 부딪힐 때가 있다.

이 상황에서 벗어나기 위해 취할 수 있는 가장 좋은 방법은 '따라 하기'다.

선후배, 동료, 친구 등 주위에서 성공한 사람들을 자세히 관찰해서 똑같이 따라 해보자.

'따라 하기'도 배움의 한 형태이고, '카피'는 성장의 계단을 오르는 지름길이다.

"일류 아티스트라면 무에서 생겨나는 것은 아무것도 없다는 사실을 알고 있다. 창작물에는 반드시 원작이 존재한다. 이 세상에 100% 오리지널은 없다."

이것은 크리에이터 오스틴 클레온이 한 말이다.

클레온은 '좋은 도둑질'과 '나쁜 도둑질'이라는 자극적인 표현을 사용해 카피의 의의를 강조했다.

어차피 완전한 오리지널은 세상에 존재하지 않으니 아무것도 없는 상태에서 독자적인 이론을 구축하기보다는 이미 만들어진 것을 활용하는 편이 시간 단축에 도움이 된다.

단순 도용으로 끝나지 않도록 고민하고 연구할 필요는 있지만 남을 흉내 내고 따라 해서 더 좋아질 수 있다면 망설일 이유가 없다. 적극적으로 참고해 내 것으로 만들자.

● ● ●

'모델링'으로 매출 급증

동경하는 대상의 행동을 똑같이 흉내 내서 대상과 비슷해지려고 하는 현상을 심리학에서는 '모델링'이라고 부른다.

좋아하는 선수의 폼을 따라 해서 테니스 실력이 향상되었다, 좋아하는 배우의 헤어스타일을 따라 했더니 인기가 많아졌다 등 누구나 한 번쯤은 비슷한 경험을 해보았을 것이다.

인간은 모델링을 통해 성장할 수 있다. 여기서 중요한 것은 '누구를 모델로 삼을 것인가'이다.

나는 항상 일 잘하는 사람을 롤모델로 삼아 왔다.

신입 사원 시절, 영업 실적이 오르지 않아 고민이었을 때는 다른 사업부에서 제일 잘나가는 선배에게 상담을 요청했다.

선배에게서는 배울 점이 무궁무진했다. 이 사람을 따라 해봐야겠다고 마음먹고 즉시 실천에 옮긴 결과, 그전까지는 한 달에 한 건도 따기 힘들었던 계약을 열두 건이나 따내게 되었다.

이 밖에도 고객 클레임 대응에 뛰어난 선배를 롤모델로 삼아 영업 스타일에 변화를 꾀하는 등 상대방의 강점은 최대한 흉내 내서 내 것으로 만들려고 노력했다.

자신에게 부족한 부분은 좋은 모델을 찾아 빌려오면 된다.

한 사람으로 부족하다면 두 사람, 두 사람으로 부족하다면 세 사람, 모델은 많아도 상관없다. 그런 식으로 따라 하다 보면 자연스럽게 자기만의 노하우를 구축하게 될 것이다.

● ● ●

완벽하게 카피해서 오리지널을 넘어서라

화가 파블로 피카소는 이렇게 말했다.

"유능한 예술가는 모방하고, 위대한 예술가는 훔친다."

여기서 주목해야 할 부분은 '훔친다'이다.

'훔친다'는 것은 다시 말해 자기 것으로 만든다는 뜻이다. 단순히 흉내 내는 데 그치지 않고 자신에게 맞는 형태로 바꿔나간다는 것을 의미한다.

모방이 창조로 이어졌을 때, 비로소 성장할 수 있다.

그렇다면 모방에서 한발 더 나아가기 위해서
필요한 것은 무엇일까?

첫째는 '모방하는 대상을 넘어서겠다는 마음가짐'이다.
내가 선배 사원을 모델로 삼았을 때도 마음속으로는 '이 사람을
넘어서고야 말겠다'는 투지를 불태웠다.
스승처럼 우러러보고 따르기만 해서는 결코 그 이상이 될 수 없다.
무슨 일이 있더라도 반드시 상대보다 더 잘해내고야 말겠다는
열정과 의지를 가지고 최선을 다해 노력해야 한다.

둘째는 '호기심'이다.
모방할 대상을 정할 때, 선택지는 많으면 많을수록 좋다.
그러기 위해서는 늘 호기심을 가지고 눈과 귀를 열어두어야 한다.

기업 연수 프로그램 참가자들과 이야기를 나누다 보면 이렇게
말하는 사람들이 있다.
"그건 옛날 일이잖아요."
"그건 다른 업계 이야기 아닌가요?"
이런 말을 들으면 스스로 본인의 가능성을 좁히고 있다는 생각
이 들어서 매우 안타깝다.

위와 같이 말하는 사람들은 지금 하는 이야기가 자기와는 아무

상관 없다고 생각한다.

처음부터 자기와는 무관하다고 벽을 쳐버리면 유입되는 정보량도 줄어들고 참고로 삼을 모델의 범위도 좁아진다.

성공한 사람들을 따라 할 때도 마찬가지이다.

나와는 다르다고 인식하는 순간, 보일 것도 안 보이게 된다.

호기심을 가지고 자세히 관찰하면 얼마든지 본받을 점을 발견할 수 있다.

명심하자.

마음가짐 하나로 미래가 바뀔 수도 있다.

좋은 집요함에 전염되자

Q.

자기계발 동호회에서
당신은 어느 쪽?

자기계발 동호회에
모든 것을 쏟아붓는다

동호회 인맥을
잘 활용한다

"꾸준히 하는 것이 중요하다는 사실을 머리로는 알고 있지만 몸이 안 따라준다."

많은 사람이 이렇게 푸념한다.

'중간에 포기한다'에서 '끝까지 계속한다'로 방향을 전환하는 데 효과적인 방법 중 하나가 바로 '집요함에 전염되는 것'이다.

구체적인 내용으로 들어가기 전에 우선 토대가 되는 심리학 이론부터 살펴보자.

군만두로 유명한 동네에 몇십 명이 줄 서서 기다리고 있는 A 가게와 몇 명이 줄 서서 기다리고 있는 B 가게가 있다. 당신이라면 어느 가게에서 먹고 싶은가?

'많은 사람이 줄 서서 기다리는 걸 보니 A 가게가 더 맛있는 게 틀림없다'
이렇게 생각해서 A 가게를 선택하는 사람이 압도적으로 많을 것이다.

'남이 하는 행동이 옳다'고 추측해서 따라 하게 되는 심리를 가리켜 심리학에서는 '소셜 프루프(사회적 증거)'라고 한다. 예를 들면 다음과 같은 것들이다.

'술자리 분위기에 휩쓸려 너무 많이 마셨다.'
'우리 팀에는 노력파가 많아서 나도 덩달아 열심히 하게 된다.'

인간은 본능적으로 주변 상황 및 분위기에 맞추어 자신이 어떤 행동을 취할지를 결정한다.

미국의 기업가 짐 론은 이렇게 말했다.
"당신은 당신이 가장 많은 시간을 함께 보내는 다섯 명의 평균이다."

자신이 닮고 싶은 이상적인 인간상에 가까운 사람과의 접점을 늘리면 목표에 더 빨리 더 가까이 다가갈 수 있다.

'좋은 집요함'을 발휘하고 싶다면 이미 좋은 집요함을 발휘하고 있는 사람을 찾아서 따라 하면 된다. 한 명보다는 두 명, 두 명보다는 세 명이 더 효과적이다. 포인트는 '좋은 집요함'을 지닌 사람과의 접점을 최대한 늘리는 것이다.

따라 하다 보면 어느샌가 당신도 '좋은 집요함'을 발휘하는 사람이 되어 있을 것이다.

● ● ●

좋은 집단에 속할 것

'회사나 학교에서 본받고 싶은 롤모델이 없다.'

이런 경우에는 현재 속해 있는 집단에서 벗어나 새로운 집단을 찾아보는 것도 방법이다.

반드시 학업이나 업무와 직접적인 연관이 있을 필요는 없다.

자원봉사나 취미 등을 주제로 한 온라인 커뮤니티여도 상관없다. 중요한 것은 집단의 형태나 목적이 아니라 집단 내에 롤모델로 삼을 만한 사람이 있는지 여부다.

소속 집단을 바꾸거나 늘리는 것은 권장하지만 동시에 주의할 점도 있다.

우선 새로운 집단에 들어간 것만으로 만족하고 뿌듯해하는 사람들이 많은데 이는 잘못된 생각이다.

각 분야의 유명인이 이끄는 집단에 들어가 그들과 정보를 공유하고 있다는 사실이 자신의 가치를 증명해주는 것은 아니며, 집단에 지나치게 의존하는 것도 좋지 않다.

이 집단에 들어온 것은 어디까지나 좋은 롤모델을 찾아 자신의 가치를 끌어올리기 위해서라는 처음의 동기를 잊어서는 안 된다.

우리의 목적은 집단에 속하는 것이 아니라 '좋은 집요함'을 손에 넣는 것이다.

집단에 속하거나 모임에 참석하는 것이 물리적으로 어려운 경우라면 존경하는 사람의 저서를 찾아 읽는다든지 강연회에 참석하는 등과 같은 방법을 사용할 수 있다.

온라인도 좋고 오프라인도 좋다. 다양한 방법으로 나에게 맞는 롤모델을 찾아 '좋은 집요함'에 전염되어보자.

금방 포기해버리는 부하를
변화시킨 마법의 방법

Q.

다른 사람을 칭찬할 때
당신은 어느 쪽?

상대방의 행동을
중심으로 칭찬한다

상대방의 신념이나
능력을 중심으로 칭찬한다

누구든지 칭찬을 받으면 신이 나서 더 열심히 하고 싶어지는 법이다.

그러니 의욕을 끌어올리려면 주위로부터 칭찬을 많이 받는 것이 중요하다.

업무 면에서도 내가 한 일이 좋은 반응을 얻으면 기쁘고 뿌듯하겠지만 직장에서 칭찬을 받을 기회는 생각보다 많지 않다.

그렇다면 스스로 나서서 칭찬 받을 기회를 만들어야 한다.

팀을 이끄는 능력이 뛰어난 상사, 배울 점이 많은 선배, 인간적으로 호감이 가는 고객 등 상대는 누구라도 상관없다.

자신이 한 일에 대해 긍정적인 피드백을 받을 기회가 없다면 적극적으로 나서서 피드백을 받으러 가자.
"제가 한 일에 대해 피드백을 부탁드려도 될까요?"
이렇게 단도직입적으로 요청하는 것도 좋고,
"개선점이라든지 더 좋은 방법을 알려주실 수 있을까요?"
이런 식으로 조금 에둘러 물어보는 것도 가능하다.

"괜히 안 좋은 말만 들으면 어떡하지?"
걱정할 필요 없다. 용기 내어 조언을 구하러 오는 사람에게 나쁜 말을 할 사람은 없다.

평소 자신을 제대로 평가해주는 믿음직한 상사가 있다면 함께 대화하는 시간을 가져보자. 사내 면담을 활용하는 것도 좋은 방법이다.
다른 사람에게서 받는 피드백은 '좋은 집요함'을 발휘하는 원동력이 된다.

◉ ◉ ◉ ◉
피드백은 8:2의 비율로

이번에는 반대로 피드백을 하는 입장에서 생각해보자.
입장을 바꿔서 생각해보면 어떤 피드백이 동기 부여에 도움이 되는지 쉽게 알 수 있다.

이전 회사에 일할 때, 나에게 자주 조언을 구하러 오는 부하 직원이 있었다.

후배에게 조언을 할 때는 가능하면 긍정적인 말과 부정적인 말의 비율을 80:20으로 맞추려고 노력했다.

여기서 부정적인 말이란 '형편없다', '때려치워라' 이런 것이 아니라 개선점을 짚어주고 더 잘할 수 있는 방법을 알려주는 것을 의미한다.

이러한 조언을 통해 부하 직원은 '이렇게 하면 되는구나'라는 자신감과, '이렇게 하는 편이 더 낫겠구나'라는 깨달음을 얻게 된다.

긍정적인 피드백과 부정적인 피드백의 비율을 8:2로 잡는 것은 이유가 있다.

원래 칭찬을 너무 많이 받으면 불안해지는 법이다.
상사가 늘 칭찬만 하면,
'지금 하는 말이 다 진심은 아니겠지.'
'분명히 뭔가 고칠 점이 있을 텐데 나한테 관심이 없어서 잘 모르는 것 같다.'
이런 식의 의심이 들기 마련이다.

만약 당신이 부하 직원을 관리하는 위치에 있다면 피드백을 줄 때는 반드시 이 8:2 법칙을 염두에 두기 바란다.

⁂ ⁂ ⁂
부하의 의욕을 끌어올리는 방법

상대방에게 긍정적인 피드백을 줄 때는

"오, 좋은데?"

"이번에 정말 잘했어. 축하해."

이런 식으로 짧게 평가만 하는 것은 좋지 않다. 오래도록 기억에 남을 만한 말이 아니라면 피드백을 하는 의미가 없다.

피드백을 할 때는 일의 결과만 칭찬할 것이 아니라 상대방의 능력과 마음가짐을 높이 평가한다는 말을 덧붙이는 것이 좋다.

"이번 달 목표 달성 축하하네. 바쁜 가운데 고객 응대를 소홀히 하지 않는 모습이 아주 인상적이더군. 다음 달도 잘 부탁해."

"고객사 규모에 상관없이 항상 진실된 태도로 상대를 대하는 것이 자네의 가장 큰 장점이지. 앞으로도 지금처럼 잘 해줄 거라 믿네."

이렇게 말하면 구체적으로 어떤 점이 좋았는지 상대방도 정확히 알 수 있다.

어떤 점을 평가하고 전달하면 좋을지 고민이 될 때 참고할 수 있는 것이 바로 NLP(NLP, Neuro-Linguistic Programming) 코칭의 대가인 로버트 딜츠가 제창한 '의식 단계(Neurologicla Levels)'다.

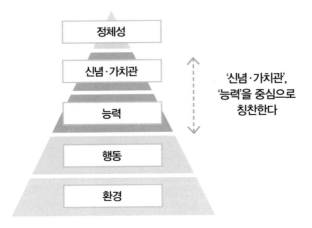

의식 단계(Neurologicla Levels)

정체성

신념·가치관

능력

행동

환경

'신념·가치관',
'능력'을 중심으로
칭찬한다

위 다섯 가지 단계 중 어디에 중점을 두고 칭찬하느냐에 따라 상대방이 받아들이는 느낌이 달라진다.

삼각형 아래쪽에 위치한 '행동'이나 '환경'보다는 삼각형 위쪽에 위치한 '신념·가치관'이나 '능력'을 중심으로 칭찬하는 편이 효과를 극대화할 수 있다.

나도 부하 직원들에게 피드백을 줄 때는 8:2 법칙을 염두에 두고, 칭찬하는 포인트를 구체적으로 전달하기 위해 노력했다.

그 결과 팀의 실적은 눈에 띄게 좋아졌고, 처음에는 금방 포기해버리던 부하도 점차 집요함을 갖춘 인재로 성장해갔다.

구체적인 칭찬은 '좋은 집요함'을 발휘하는 원동력이 된다.

칭찬을 받아도 의욕이 솟지 않는다면 피드백을 받는 상대를 바꿔본다든지 다양한 사람들에게 피드백을 받아보는 것도 좋다.

휴식시간에 잡담을 하면 실적이 향상된다는 '감정전염 효과'

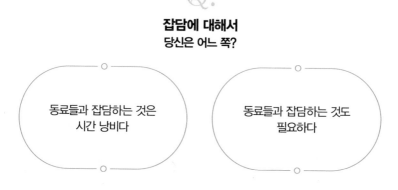

Q.

잡담에 대해서
당신은 어느 쪽?

동료들과 잡담하는 것은
시간 낭비다

동료들과 잡담하는 것도
필요하다

A 콜센터와 B 콜센터는 수주율이 40% 정도 차이가 난다.

두 콜센터 직원들의 행동을 살펴본 결과, 실적이 더 좋은 A 콜센터는 B 콜센터에 비해 휴식시간 중 조직 활성도가 약 40% 더 높은 것으로 나타났다.

이 결과를 바탕으로 휴식시간 중 활성도를 높이는 방안을 알아보기 위해 한 달 동안 다음과 같은 실험을 진행했다.

우선 비슷한 나이대의 영업 담당자 네 명을 한 팀으로 구성한 다음, 처음 3주 동안은 각자 자유롭게 휴식시간을 사용하도록 하고, 마지막 1주는 함께 모여서 휴식시간을 보내도록 했다.

두 경우를 비교해보니 휴식시간을 함께 보내도록 한 후자의 경우가 조직 활성도도 높고, 수주율도 증가했다는 사실을 확인할 수 있었다.

이것은 2012년 히타치제작소 콜센터에서 실시한 조사 결과로, 휴식시간 중 활성도 향상이 생산성 향상으로 이어진 사례, 다시 말해 직원 간 잡담이 전화 영업 실적 향상으로 이어진 사례라고 할 수 있다.

직장에서 동료와 잡담하는 시간을 늘리면 실적이 향상된다는 연구 결과는 이 밖에도 많이 찾아볼 수 있다.

일반적으로 주위 사람들과 잡담을 나누면 기분 전환이 되기 때문에 잡담을 나눈 후에는 일이나 공부가 더 잘되는 경향이 있다.

이렇듯 다른 사람의 감정에 무의식적으로 동화되는 현상을 감정 전염(Emotional Contagion)이라고 한다.

그룹 내에 성격이 쾌활한 사람이 있으면 그와 함께 잡담을 나눈 사람들에게도 즐거운 감정이 전염되어 그룹 전체의 분위기를 밝게 만드는 데 도움이 된다.

2012년 하버드대학 심리학부 교수인 제이슨 미첼과 다이애나 타미르는 실험 대상 약 300명의 뇌를 fMRI(기능형 핵자기 공명영상)로 관찰한 데이터를 분석해 다음과 같은 결론을 얻었다.

'자신의 감정이나 생각을 다른 사람에게 전달하는 행위를 통해 뇌내 내측전두전피질, 측좌핵, 복측피개영역이 활성화된다.'

참고로 내측전두전피질은 의욕과 관련이 깊은 부위이고, 측좌핵과 복측피개영역은 쾌락 호르몬인 도파민과 관련이 깊은 부위이다.

즉 다른 사람과 대화를 나누면
· **자기효능감이 높아지고**
· **불안이나 긴장이 해소되는 카타르시스를 느끼게 된다**
는 사실이 과학적으로 증명된 것이다.

콜센터 사례와 뇌 연구 결과는 모두 잡담이 가진 힘을 보여주고 있다.
이렇게 효과가 확실한 방법을 사용하지 않는 것은 아까운 일이다.

무언가를 계속해나가는 데 어려움이 있다면 친구나 부모, 선생님, 연인 등 주위 사람들의 얼굴을 떠올려보자.

그리고 상대가 누구라도 좋으니

"지금 이런 걸 하고 있는데 좀처럼 좋은 결과가 나오질 않네."

하고 솔직히 털어놓자.

누구에게든 말을 하면 상황이 호전될 가능성이 있다.

가까운 사람에게 약한 모습을 보이기 싫다면 전문 상담사를 찾아가는 것도 방법이다.

중요한 부분이니 한 번 더 강조한다.

잡담은 자기효능감을 끌어올리는 동시에 상황을 재정비하고 다시 일어설 수 있는 돌파구가 되어준다.

벽에 부딪혔다고 느껴질 때는 잡담으로 극복하자.

공개 선언 효과와 자기 암시

자신의 의견을 말할 때
당신은 어느 쪽?

'~라고 생각합니다'라고
말한다

'~입니다'라고
말한다

새해가 되면 다들 신년 포부를 밝히거나 올해의 목표를 세운다.

최근에는 버킷 리스트가 유행하면서 하고 싶은 일 리스트를 작성하는 사람도 늘어났다.

목표를 갖는 것은 좋은 일이다.

하지만 90%가 실패한다는 통계에서도 알 수 있듯이 목표를 달성하는 것은 결코 쉬운 일이 아니다.

목표를 세운 것에 만족해서는 안 된다.

목표를 설정한 다음에는 그것을 달성하기 위해 '좋은 집요함'을 발휘해야 한다.

중간에 포기하지 않기 위해서는 '공개 선언 효과'를 활용하는 것이 효과적이다.

'공개 선언 효과(Public Commitment Effect)'란 자신의 목표를 주위 사람들에게 공개적으로 밝히면 목표를 달성할 가능성이 높아지는 현상을 가리킨다. 다른 사람에게 선언함으로써 자기가 한 말에 책임을 느끼고 이를 지키기 위해 최선을 다해 노력하게 되는 것이다.

물론 단순히 선언만 한다고 해서 달성 가능성이 높아지는 것은 아니다.

2019년 오하이오주립대학 학생들을 대상으로 진행된 실험에 따르면, 존경하는 사람에게 자신이 이루고자 하는 목표를 선언한 학생은 목표 달성률이 높아진 반면, 평소 접점이 거의 없는 사람에게 자신의 목표를 선언한 학생은 달성률에 큰 변화가 없었다.

즉 '이 사람의 신용을 잃고 싶지 않다, 이 사람에게 미움 받고 싶지 않다'라는 분명한 동기가 수반되지 않으면 공개 선언 효과를 기대하기 어렵다는 말이다.

따라서 목표를 선언하는 상대는 자신이 존경하는 사람이나 평소 자신을 아껴주는 사람으로 정하는 것이 좋다.

나는 20대 초반에 당시 사귀던 여자친구에게 이런 선언을 했다.

"스물일곱 살이 되면 상대가 너일지 아닐지는 모르겠지만 아무튼 결혼을 하고, 서른 살이 되면 내 사업을 시작하고, 서른다섯 살이 되면 재규어를 탈 거야."

그때는 공개 선언 효과라는 말이 존재한다는 사실조차 몰랐다. 그저 고된 직장 생활에 지쳐가는 스스로에게 용기와 기운을 불어넣기 위해 해본 말이었다.

결과적으로 스물일곱 살에 아내(내 선언을 들어준 여자친구)와 결혼하고, 40대에 독립해서 재규어는 아니지만 내 차를 굴리고 있으니 그때 선언을 한 효과는 확실히 있었던 셈이다.

선언을 들은 상대방은 목표 달성을 응원해줄 것이고, 응원을 받으면 기대에 부응하고 싶다는 마음이 들기 마련이다. 일단 선언하고 나면 철회하기도 쉽지 않다.

직장 선배나 동료들에게 목표를 선언했을 때는 '사실은 나도 장차 OO에서 사업을 해보려고 한다' 같은 도움이 되는 이야기도 많이 들을 수 있었다.

힘들 때일수록 자신의 목표를 주위에 공개적으로 알림으로써 포기하지 않고 계속해나갈 수 있는 환경을 만드는 것이 중요하다.

◈ ◈ ◈

'무슨 일이 있더라도'라고 소리 내어 말해보자

공개 선언 효과를 노린다면 '단정형'이나 '강한 표현'을 사용'하는 것이 좋다.

'일단 한번 해보겠다'가 아니라 '무슨 일이 있더라도 해내겠다'

'과식하지 않도록 조심하겠다'가 아니라 '정해진 식단 외에는 먹지 않겠다'

이처럼 강한 표현을 사용하면 의지를 확고히 다지는 데 도움이 된다.

이것은 직장에서 '이거 어떻게 처리할 거야?'라고 상사가 물었을 때, '최선을 다해보겠습니다'라고 대답하면 십중팔구 혼이 나는 것과 비슷한 원리다.

'최선을 다한다'는 어디까지나 마음가짐을 나타내는 표현이기 때문에 결과와는 아무 상관이 없다. '최선을 다한다'와 '반드시 해내겠다'는 전혀 다른 차원의 문제다.

이런 경우에는 '언제까지 OO을 하겠습니다'라고 최대한 구체적으로 대답하는 것이 바람직하다. 이렇게 말함으로써 자신의 발언에 책임감을 느끼게 되고, 기일까지 완성할 가능성도 높아진다.

마찬가지로 '~인 것 같다', '~해볼까 한다', '~하면 어떨까 싶다' 같은 표현도 좋지 않다.

'좋은 거래처인 것 같습니다'

'제가 해볼까 합니다'

'다음 곡으로 넘어가 보면 어떨까 싶습니다'

이런 식의 표현은 TV나 유튜브에서 자주 볼 수 있다.

'좋은 거래처입니다'

'제가 해보겠습니다'

'다음 곡으로 넘어가 보겠습니다'

어미에 붙은 쓸데없는 군더더기를 덜어내도 의미는 동일하다.

간결하게 표현하는 편이 훨씬 더 뜻이 명확하게 전달되는데 굳이 불필요한 말을 덧붙이는 것은 자신을 드러내지 않고 책임을 회피하려는 의도라고밖에 볼 수 없다.

평소 자신이 어떤 말투를 사용하는지 생각해보자.

'~라고 생각한다'는 표현을 자주 사용하는 편이라면 '~이다'라고 단정형으로 말하는 습관을 들이는 것이 좋다.

확신이 없어도 괜찮다.

단정형으로 말하는 것만으로도 상대방에게 자신감 있는 인상을 심어줄 수 있고, 입 밖으로 소리 내어 말함으로써 스스로의 의욕을 고취시키는 공개 선언 효과도 기대할 수 있다.

만약 실패하면 그때 가서 잘못된 부분을 고치고 보완해나가면 된다.

말에는 힘이 있다.

말의 힘을 빌리면 집요함을 내 것으로 만들 수 있다.

06

무너진 멘탈을 회복하는 방법

결과가 기대에 미치지 못할 때
포기하지 않고 버티기

. . .

눈앞에 성공이 기다리고 있다

Q.

열 번 해서 열 번 다 실패했을 때
당신은 어느 쪽?

열 번이나 했는데
전부 실패했으니
포기한다

열한 번째는
성공할 것이라고
믿고 한 번 더 해본다

니토리는 일본의 대표적인 저가형 가구점이다.

40년 전 30평짜리 가게 하나로 시작한 니토리는 2020년 2월 현재 국내외 607개 점포를 운영하며 가구 인테리어 업계에서 눈부신 성장세를 이어가고 있다.

니토리의 창업자 니토리 아키오 회장은 저서 『넘어졌다면, 일어나라!』에서 수많은 실패 끝에 성공을 쟁취한 경험에 대해 소개한 바 있다.

니토리 회장의 성공 철학을 바탕으로 회사 내에는 실패를 긍정적으로 받아들이는 분위기가 만들어졌고, 이것은 니토리가 현재 규모까지 성장하는 데 큰 역할을 했다.

니토리에서 강조하는 것은 '관찰, 분석, 판단'이다.
문제가 발생하면 객관적인 시선으로 사실을 관찰하고, 철저하게 분석하여, 올바른 판단을 내리도록 한다.

'실패는 성공하기 위해 반드시 거쳐야 하는 과정'이며, 실패했을 때 거기서 그치지 않고 실패를 성공의 밑거름으로 삼기 위해서는 제대로 관찰하고 분석하고 판단해야 한다는 뜻이다.

NBA 슈퍼스타 마이클 조던은 이런 말을 했다.
"열 번 연속 기회를 놓쳐도 나는 주저하지 않는다. 다음 한 번이 성공하면 그때부터 백 번 연속 성공할 수도 있기 때문이다."

한순간의 감정 때문에 지금까지의 노력이 전부 수포로 돌아간다면 너무 아쉽지 않겠는가.
실패했다고 포기하면 실패로 끝나지만, 거기서 한 걸음만 더 내디디면 성공을 거머쥘 수도 있다.

● ● ●

인스타그램은 실패작이었다?!

실패에서 비롯된 성공 사례도 많다.
우리에게 잘 알려진 인스타그램 역시 원래는 실패작이었다.

인스타그램은 버븐(Burbn)이라는 위치 정보 앱에서 출발했다.

버븐의 수많은 기능은 너무 복잡하고 불편해서 사람들에게 외면당했지만 단 한 가지, 사진만은 예외였다.

사람들이 사진을 찍고 공유하는 기능을 좋아한다는 사실에 주목한 개발진은 기존 앱에서 사진 관련 기능만 남기고 나머지 기능은 모두 쳐냈다. 그렇게 만들어진 인스타그램은 전 세계적으로 폭발적인 반응을 얻었다.

이렇듯 실패를 성공의 발판으로 삼는 방식을 '린 스타트업'이라고 한다.

미국의 기업가 에릭 리스가 제창한 린 스타트업 이론은 단시간에 제품을 만들고, 그에 대한 시장의 반응을 다음 제품에 반영하는 작업을 반복함으로써 성공 확률을 높이는 경영 방법론의 일종이다.

애플, 구글 등 글로벌 기업의 시작점이자 스타트업의 산실이라고 불리는 실리콘밸리에서는 무수히 많은 벤처 기업들이 탄생했지만, 그중 성공한 사례는 극히 일부에 불과하다. 이렇듯 스타트업 기업의 낮은 성공 확률을 높이기 위해 고안해낸 방법이 바로 린 스타트업이다.

린 스타트업은 처음부터 어느 정도 실패 가능성을 염두에 두고 시작한다. 실패는 성공의 어머니라고 보는 것이다.

인스타그램을 비롯한 대부분의 성공 사례는 수많은 시도와 좌절을 반복한 끝에 거둔 성과라고 봐도 무방하다.

한 번에 성공하면 가장 좋겠지만 그렇지 못한 경우가 대부분이라는 사실을 알아두면 필요 이상으로 절망하지 않을 수 있다.

노력이 좋은 결과로 이어지지 않으면 보통은 실망하기 마련이지만 실패가 꼭 나쁜 것만은 아니다. 다음에는 성공할 것이라고 믿고, 실패한 경험을 참고삼아 궤도를 수정해나가면 된다.

실패를 정확하게 관찰하고 분석하고 판단하면 반드시 성공으로 향하는 힌트를 찾아낼 수 있다.

다이어트를 꾸준히 하는데도 좀처럼 체중이 줄지 않는 사람이 있다. 이런 경우에는 한 가지 방법만 고집하지 말고 다른 방법도 시도해보는 것이 좋다. 살을 빼겠다는 최상위 목표만 흔들리지 않으면 된다.

나도 과거 다이어트를 시작했을 때, 몸무게에 전혀 변화가 없어서 이것저것 다양한 방법을 시도해봤다. 다른 사람에게 효과가 있다고 해서 나에게도 맞으리라는 법은 없다. 나에게 맞는 방법을 찾을 때까지 적어도 서너 번은 실패할 각오를 해두면 마음이 편하다.

일이나 공부도 마찬가지다. 이 방법이 나에게 맞지 않는다 싶으면 너무 어렵게 생각하지 말고 다른 방법을 시도해보자.

다시 말하지만 '실패는 성공하기 위해 반드시 거쳐야 하는 과정'이다.

테스트와 개선을 반복하는 린 스타트업의 정신은 집요함을 유지하는 데 도움이 된다.

부정적인 사고방식에서 벗어나라

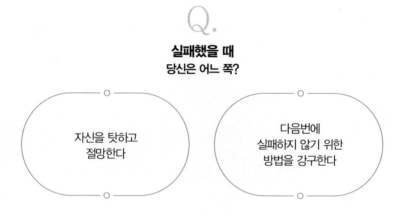

Q.

실패했을 때
당신은 어느 쪽?

자신을 탓하고
절망한다

다음번에
실패하지 않기 위한
방법을 강구한다

부정적인 사고방식이란 어떤 것일까?

직장에서 실수를 했을 때, 당황하고 자책하는 사람이 있는가 하면 어떻게 하면 같은 실수를 반복하지 않을 수 있을지 고민하는 사람도 있다.

동일한 사건을 받아들이는 방식이 사람마다 다른 이유는 기본적으로 사물을 인지하고 평가하는 방식이 다르기 때문이다.

부정적인 사고방식이란 모든 것을 나쁜 쪽으로 생각하는 사고 패턴으로, '인지 왜곡'이라고도 한다. 극단적인 예를 들자면 시험에서 90점을 받은 사람이 100점이 아니라면 0점이나 마찬가지라고 생각하는 식이다.

최악의 사태를 가정하는 것은 리스크 회피 측면에서 무조건 나쁘다고 볼 수만은 없지만, 지나치게 부정적인 방향으로 치우친 사고는 조심해야 한다.

얼마 전, 내가 운영하는 유튜브 채널의 구독자로부터 이런 전화를 받았다.

"올려주시는 영상 잘 보고 있습니다. 저는 얼마 전 다니던 회사를 그만두고 다음 직장을 알아보는 중입니다. 이바 씨는 대기업에 다닐 때 사내 영업 실적 1위였다고 했는데 저는 반대로 꼴찌였습니다. 그런 사람도 일을 잘하게 되는 비결이 있는지 궁금해서 연락드렸습니다."

이 말을 듣고 제일 먼저 든 생각은 절대로 그럴 리가 없다는 것이었다.

왜냐하면 전화기 너머 상대방은 말투도 정중하고, 다음 직장을 알아보고 다닐 정도로 의지와 행동력도 있었기 때문이다. 게다가 유튜브 채널 운영자에게 무작정 전화를 걸어 무언가를 물어본다는 것은 생각만큼 쉬운 일이 아니다.

본인의 능력과 의지는 충분한데도 불필요한 고민을 하는 이유는 자신이 회사에서 가장 일을 못한다는 고정관념 때문이다.

인지 왜곡, 즉 부정적인 사고가 악영향을 미치고 있는 것이다.

이를 바로잡기 위해서는 우선 자신이 잘못 생각하고 있다는 사실을 깨달아야 한다.

다음에 나오는 표는 인지의 여섯 가지 유형에 관한 것이다. 유형별로 배경에 깔린 가치관과 셀프 토크 예시를 들고 있다.

예를 들어 '짜증형'은 자기 자신에 대한 지나친 과신 때문에 모든 일을 '~해야 한다'는 선입견을 가지고 바라본다. 반면 '내향형'은 부정적인 사고에 사로잡혀 문제가 생기면 '역시 난 안 돼' 하고 자포자기하는 타입이다. '소모형'은 완벽을 추구한 나머지 중간에 지쳐 나가떨어지는 경우가 많다.

우선 배경에 깔린 가치관을 참고로 자신이 어느 유형에 속하는지 확인해보자.

당신의 유형은?

	배경에 깔린 가치관	셀프 토크 예시
초조형 (당위주의)	· 다른 사람보다 자신의 생각이 더 낫다 · 말이 통하지 않는 사람은 필요 없다	· 그렇게 생각할 수도 있겠구나 · 나와 남은 다른 게 당연하다 · 서둘러 봤자 별반 차이가 없다

	배경에 깔린 가치관	셀프 토크 예시
내향형 (부정적인 사고)	· 단 한 번의 실수로 회복이 불가능한 상태에 빠짐 · 좁은 세계에 갇혀 있음	· 이치로 선수도 60%는 아웃이니 괜찮다 · 실패를 통해 배울 수 있는 것도 많다 · 부족한 점이 많다는 것은 곧 성장의 여지가 많다는 뜻이다
후회형	· 모든 나쁜 일은 내가 책임을 져야 한다 (비논리적 자책)	· 과거와 타인은 바꿀 수 없지만, 미래와 자신은 바꿀 수 있다 · 실패를 반복하지 않으려면 어떻게 해야 할까 · 우선 사과부터 하자
불안형	· '충족되지 않는 욕구'와 '근거 없는 이상' 사이에서 갈등	· 지금 할 수 있는 일을 하자 · 살아 있다는 것만으로도 감사한 일이다, 현재에 감사하자 · 내일 일을 오늘 고민하지 말자
소모형 (완벽주의)	· 남에게 폐 끼치고 싶지 않다 · 최선을 다하지 않으면 안 된다	· 쉬는 것도 일이다 · 70점이면 충분하다 · 거절을 잘하는 것도 능력이다
분노형	· 남들은 나에게 악의를 가지고 있다 (인간관계를 불신)	· 지적은 성장의 밑거름이 된다 · 비판 대환영 · 비판을 받는다고 내 능력이 줄어드는 것은 아니다

※ 『코핑 - '세상에 맞서는 강력한 나'를 만드는 힘』 (다나카 우루베 미야코) 참조

자기와의 대화를 통해 인지를 바로잡는다

자신이 어느 유형인지 파악했다면 다음으로 해야 할 일은 '자기 자신과 대화하기'다.

적절한 타이밍에 스스로에게 적절한 말을 걸어주면 편중된 사고를 바로잡고 세상을 올바르게 바라보는 데 도움이 된다.

예를 들어 완벽주의 때문에 좀처럼 쉬지 못하는 '소모형'이라면 피곤함을 느꼈을 때
"쉬는 것도 일이야."
라고 스스로에게 말하는 식이다.
표에 실린 예시를 참고해서 자신에게 맞는 셀프 토크를 시도해 보자.

'나는 못 하겠어', '무리야', '불가능해' 같은 부정적인 사고는 집요함을 발휘하는 데 방해가 된다.
부정적인 사고방식에서 벗어나는 것만으로도 집요함을 발휘하기가 쉬워진다.

포기하고 싶을 때
도움이 되는 두 가지 질문

Q.

일을 추진할 때
당신은 어느 쪽?

| 처음부터 끝까지 전력을 다한다 | 완급을 조절한다 |

'더 이상은 못하겠다'라는 생각이 들더라도 육체적으로는 아직 한계에 다다르지 않은 경우가 대부분이다.

뇌가 에너지를 많이 소비하는 전두전피질의 활동을 멈추기 위해 스스로 제동을 걸고 있는 것이다.

나는 영업 사원이었을 때, 더 이상은 못하겠다는 생각이 들면 '전화 다섯 건만 더 걸자' 하는 식으로 일부러 스스로에게 부하를 걸었다.

막상 해보면 추가한 다섯 건은 어떻게든 처리하게 되고, 못하겠다는 생각도 어느샌가 사라지는 경우가 많았다.

자신의 한계를 어떻게 설정할 것인가. 한계에 직면했을 때 포기할 것인가, 아니면 계속해서 도전할 것인가. 어느 쪽을 선택하는지에 따라 도달점은 크게 달라진다.
한계를 극복하고 도전함으로써 자신의 수용 범위를 넓히고, 계속해나갈 힘을 얻을 수 있다.

● ● ●

자신에게 활기를 불어넣는 두 가지 질문

한계를 느꼈을 때는 스스로에게 다음 두 가지 질문을 던져보자.

Q1. 이 도전에 성공하면 어떤 메리트가 있는가?

업무에서라면 사내에서 좋은 평가를 얻는다, 고객이 만족한다, 보람을 느낀다, 보너스를 받는다, 스킬 업으로 이어진다 같은 메리트를 생각해볼 수 있다.

여기서 말하는 메리트는 남들에게 말하기 부끄러운 허무맹랑한 망상이어도 상관없다.

경쟁사에서 파격적인 조건으로 헤드헌팅 제안이 들어온다, 현시대를 대표하는 비즈니스 리더 자격으로 TV에 출연한다, 함께 출연

했던 배우와 결혼한다, 내가 쓴 책이 잇따라 베스트셀러가 된다, 그 책이 영화로도 만들어진다 등등 생각만 해도 입가에 저절로 미소가 지어지는 일들을 마음껏 상상해보자.

장밋빛 미래에 대한 상상은 무엇보다 확실한 원동력이 되어줄 것이다.

Q2. 이 도전에 성공하면 나 말고 기뻐할 사람이 있는가?

향후 수주로 이어져서 대박이 날 것이다, 소비자들이 좋아할 것이다, 동료나 친구나 가족들이 기뻐할 것이다 등등.

이 두 가지 질문을 통해 지금 자신이 하는 일이 본인과 타인에게 모두 이익이 된다는 사실을 재확인할 수 있다.

자신에게 이익이라는 사실만으로는 충분한 동기 부여가 되지 않더라도 그 일이 남들에게도 이익이 된다는 말을 들으면 한번 도전해봐야겠다는 마음이 들 수도 있다.

반대로 '내가 여기서 그만두면 많은 사람이 곤란해질 것이다'라고 염려하는 마음도 일을 계속해나가는 데 어느 정도 도움이 된다.

포기하고 싶어질 때는 위 두 가지 질문을 스스로에게 던져보자.

마지막으로 몇 가지 당부하고 싶은 점이 있다.

너무 지쳐서 만성적인 피로에 시달리는 경우에는 당연히 휴식이 필요하다. 때로는 일단 멈춰서 전열을 재정비하는 편이 더 좋은 결과를 낳을 수도 있다. 힘들어도 무조건 죽을 힘을 다해 매달리는 것만이 상책은 아니다.

마라톤 선수가 대회 중 기권하는 장면을 떠올려보자. '더 이상은 못하겠다'라고 뇌가 판단하는 정신적인 한계와, '이건 정말 위험한 상황이다'라고 신체가 감지하는 위험 신호는 완전히 다른 문제다. 이 두 가지를 혼동해서는 안 된다.

끝까지 버티려다가 한순간에 무너져서 게임 오버가 되어버리면 아무 의미가 없다.
꾸준히 계속해나가기 위해서는 각자에게 맞는 방식대로 적절한 타이밍에 휴식을 취하고 기분 전환을 하는 것이 중요하다.

나는 평소부터 충분한 휴식을 취하도록 의식적으로 노력하는 편이다. 회사에 다닐 때는 최대한 업무 시간 중에 할 일을 다 끝내고 정시에 퇴근할 수 있도록 노력했다.

자영업자나 프리랜서의 경우에는 1년 365일 매일 일한다는 사람도 있지만, 자기 나름대로 일하는 요일이나 시간을 정해놓고 지키는 사람도 많다.

서두를 필요는 없다. 처음부터 전력질주하겠다고 욕심 부리지 말고 자신에게 맞는 속도로 중간중간 적당히 휴식을 취하면서 조금씩 앞으로 나아가자.

어떻게 하면
해낼 수 있을지 고민하라

말이 통하지 않는 상대를 만났을 때
당신은 어느 쪽?

바보 같은 놈이라고
생각한다

어떻게 하면 알아듣게
설명할 수 있을지 고민한다

어려운 문제에 직면했을 때, 자신의 능력 부족을 이유로 포기한
적이 있는가?

중요한 것은 능력이 아니라 문제를 해결하기 위한 대책이다.

연애 고민을 예로 들어보자.
사귄 지 반 년 된 커플인 A 군과 B 양은 최근 싸우는 횟수가 늘
었다.

어제도 사소한 문제로 말다툼을 하고 헤어졌다. 화해하고 싶은 마음은 있지만 어떻게 하면 좋을지 모르겠다.

당신이 A 군이라면 어떻게 하겠는가?

'나는 상대에게 맞추는 걸 못 한다.'

'상대가 툭하면 화를 내서 대화를 할 수가 없다.'

이렇게 부정적으로 생각하면 더 이상의 진전은 기대하기 어렵다.

자신이나 상대방의 능력을 문제 삼으면 안 된다.

중요한 것은 문제의 포인트가 무엇인지 찾는 것이다.

관계를 되돌리기 위해서는 어떤 부분이 해결되어야 하는지 잘 생각해보자.

A 군은 언제부터 두 사람의 관계가 틀어지기 시작했는지 되짚어보았고, 최근 일이 바빠서 둘이서 대화할 시간이 거의 없었던 것이 원인이라는 생각이 들었다.

그렇다면 해결해야 할 과제는 '바빠서 시간을 내지 못했던 점을 사과하고, 지금 상대가 무슨 생각을 하고 있는지 확인하는 것'이라고 할 수 있다.

해결해야 할 과제가 무엇인지 알았다면 대책을 세울 수 있다.

'지금 당장 전화를 걸어보자.'

'퇴근 후에 카페에서 만나자고 해서 이야기를 들어보자.'

'주말에 함께 점심을 먹으면서 이야기해보자. 무사히 화해했을 때에 대비해서 주변의 데이트 코스를 알아봐놓자.'

여러 선택지 중에서 지금 상황에 가장 베스트라고 생각되는 것을 고르면 된다.

일단 하나를 선택한 다음, 그것이 정말 베스트인지 한 번 더 체크해보는 것이 좋다.

A 군은 다음과 같은 방법을 취하기로 했다.

'오늘은 늦었으니 내일이나 모레 퇴근 후에 만날 수 있는지 물어보자.'

이처럼 해결해야 할 과제를 찾는 데 성공했다면 대책을 세우는 것은 어렵지 않다.

'좋다', '싫다', '귀찮다', '자존심이 허락하지 않는다' 같은 일시적인 감정은 일단 옆에 내려놓고, '문제 확인', '과제 규명', '대책 수립'이라는 세 가지 단계를 차례대로 밟아나가면 자연스럽게 문제를 해결할 수 있다.

● ● ●

'문제'와 '과제'는 어떻게 다른가?

기업 연수를 진행하다 보면 '문제'와 '과제'가 어떻게 다른지 잘 모르겠다는 사람이 많다. 전체 참가자의 90% 정도는 둘의 차이를 정확하게 설명하지 못한다.

"현재 당신의 업무상 과제는 무엇입니까?"

내가 이렇게 물으면 다음과 같은 대답이 돌아온다.

"상사와 사이가 좋지 않습니다."

"야근을 너무 많이 합니다."

"영업 실적이 오르지 않습니다."

이것들은 모두 '과제'가 아니라 '문제'다.

문제로부터 해결해야 할 과제를 찾아내지 못하면 대책을 세우는 것도 불가능하다.

따라서 가장 먼저 해야 할 일은 '문제'와 '과제'의 차이를 제대로 인지하는 것이다.

A군의 연애 고민으로 돌아가보자.

이 사례에서 문제는 '여자친구와 자주 싸운다는 것'이다.

과제는 '상대방이 무슨 생각을 하고 있는지 확인하는 것'이다.

이에 대한 대책은 '퇴근 후 카페에서 만나 이야기를 들어보는 것'이다.

상대방의 이야기를 들을 때는 열린 질문을 하는 것이 좋다.

열린 질문이란 '당신은 OO를 좋아합니까?'처럼 '예, 아니요'로 대답할 수 있는 단답형 질문이 아니라 상대방의 생각을 자연스럽게 이끌어낼 수 있는 질문을 의미한다.

실제 대화에서는 육하원칙(아래 볼드체 부분)에 따라 질문하는 것이 효과적이다.

A: 많이 생각해봤는데 요새 너무 바빠서 둘이 대화할 시간이 부족했던 것 같아. 미안해. 너는 **어떻게** 생각하고 있었는지 말해줄래?

B: 일이 바쁘다는 건 나도 알고 있었고 어쩔 수 없다고는 생각하지만 그래도 만나서 얼굴도 보고 얘기도 하고 싶었어.

A: 알았어. 앞으로는 되도록 일이 밀리지 않도록 노력할게. 하지만 분명 일이 몰리는 경우가 또 생길 텐데 그때는 **어떻게** 하면 좋을까?

B: 나한테 미리 말해줘. 상황을 알고 있으면 마음이 놓이니까.

A: 그렇게. 일이 바빠지는 시기는 보통 미리 알 수 있으니까 알게 되면 바로 연락할게. 사과의 뜻으로 다음 주말에는 네가 원하는 곳으로 여행 가자. **어디가** 좋아?

B: 음, 그럼 온천 어때?

A 군은 육하원칙을 대화에 녹여냄으로써 B 양의 생각을 자연스럽게 이끌어내는 데 성공했고, 무사히 화해하게 되었다.

일에서든 인간관계에서는 문제가 생기면 별다른 고민 없이 '그만둔다', '인사이동을 신청한다', '거리를 둔다' 같은 선택지를 고르는 사람들이 있다.

하지만 그런 식으로는 결코 문제를 해결할 수 없다.

문제가 발생했을 때 본인의 감정과는 별개로 해결해야 하는 과제가 무엇인지 찾아내는 습관을 들이면 대부분 기대 이상으로 좋은 결과를 얻을 수 있다. 과제를 찾아내어 해결함으로써 중간에 포기하지 않고 끝까지 계속할 수 있게 되는 것이다.

집요함을 끌어올리는
세 가지 방법

Q.

중요한 일을 처리하는 시기
당신은 어느 쪽?

아침에는 머리가
잘 돌아가지 않으니
중요한 일은 오후에 처리한다

중요한 안건은
오전 중에 처리한다

마지막으로 집요함을 발휘하는 데 도움이 되는 세 가지 습관을
알아보자.

심호흡을 한다

첫 번째는 '호흡'이다.
나도 평소 스트레스가 쌓였을 때 자주 사용하는 방법이다.

처리해야 하는 일이 잔뜩 쌓여 있거나 시간적으로 쫓기는 상황에서는 정신적으로도 불안정해지기 쉽다.

자신이 현재 흥분 상태라는 생각이 들 때는 의식적으로 심호흡을 하면 냉정을 되찾을 수 있다.

스탠퍼드대학 심리학 교수인 켈리 맥고니걸은 저서 『왜 나는 항상 결심만 할까』에서 분당 4~6회를 기준으로 심호흡을 할 것을 추천하고 있다.

천천히 심호흡을 하면 전두전피질이 활성화되어 심박변이도가 높아지고 불안감과 혈압은 낮아진다.

심호흡은 마음을 안정시킬 뿐만 아니라 인내심을 발휘하는 데에도 도움이 된다.

● ● ●

중요한 일은 아침에 처리한다

앞에서 말했듯이 인간의 의지력은 총량이 정해져 있어서 사용하면 줄어든다는 특징이 있다(115쪽). 그렇다면 의지력이 가장 충만한 때는 언제일까? 바로 충분히 자고 일어났을 때이다.

밤새 일하고 녹초가 된 사람에게서는 의지력을 찾아보기 힘들다.

딱히 중요한 일정이 있는 날이 아니더라도 매일 아침 출근해서 메일을 확인하고 답장을 보내고 회의에 들어가서 발표하고 고객과의 미팅을 진행하는 것만으로도 당신의 의지력은 조금씩 소모되고 있다.

플로리다주립대학 심리학 교수 로이 바우마이스터는 자신의 저서를 통해 이렇게 말하고 있다.

"의지력은 근육과 마찬가지로 많이 사용하면 피로를 느끼며, 이를 단련하는 것도 가능하다."

사용할 때마다 피로가 쌓인다면 당연히 의지력은 시간이 지날수록 낮아질 수밖에 없다.

따라서 중요한 사안은 아침에 처리하는 것이 가장 좋다.

최근 주목 받고 있는 '미라클 모닝' 역시 같은 맥락이라고 볼 수 있다.

나 역시 아침 시간대가 업무 효율이 더 높기 때문에 유튜브에 올릴 영상은 주로 이른 새벽에 집중해서 촬영하는 편이다.

하루 중 가장 의지력이 강한 아침에 무슨 일을 하는 것이 좋을지는 사람마다 다르다. 일을 할 수도 있고, 자기계발을 할 수도 있고, 취미 생활을 할 수도 있다.

일이든 취미든 꾸준히 하는데도 결과가 따르지 않는다면 하루 시간표를 다시 살펴볼 필요가 있다.

한 출판사의 조사 결과에 따르면 연수입 1400만 엔 이상인 사람들 중 60%가 아침형 인간이라고 한다.

집요함을 발휘하기 위해서는 아침 시간을 잘 활용하는 것이 중요하다.

견과류를 섭취한다

집요함을 습관화하는 데 가장 도움이 되는 음식은 '견과류'다.

견과류에는 불포화 지방산, 아연, 비타민E, 비타민B6 등 영양소가 많이 함유되어 있다. 또 단단한 견과류를 씹어 먹는 저작 운동은 뇌 기능을 활성화하고, 뇌에서 기억을 관장하는 부위인 해마를 자극해서 기억력을 향상시킨다.

점심을 먹고 나면 졸려서 오후에는 일이 잘 안 된다는 사람이 많다.

당질은 뇌에 에너지를 공급하는 역할을 하지만, 과다 섭취하면 혈당치가 순간적으로 상승해 고혈당의 원인이 된다. 이 상태가 지속되면 포도당이 뇌에 충분히 공급되지 못해 졸음을 유발하는 것이다.

점심에는 과식하지 않도록 주의하고 출출할 때는 견과류를 섭취하는 습관을 들이면 오후에 업무 효율이 떨어지는 일 없이 계속해서 집요함을 발휘할 수 있다.

07

사람을 끌어들이는 집요함을 키워라

모든 것을 망쳐버리는
'나쁜 집요함'

* * * *

호감형 집요함과
비호감형 집요함

Q.

좋은 집요함이 통하지 않는 상대를 만났을 때
당신은 어느 쪽?

계속 집요하게
물고 늘어지면 언젠가는
통할 거라고 믿는다

집요함이 통하지 않는
상대도 있다는 사실을
받아들이고 포기한다

지금까지 집요함의 중요성에 대해 집요하게 강조해왔다.

이번 장에서는 대인 관계에서 집요함을 발휘할 때의 주의점에 대
해 알아보자.

가장 먼저 알아두어야 할 것은
'집요함이 통하지 않는 상대도 있다'
는 사실이다.

입장과 가치관이 나와 다른 사람에게 일방적으로 내 의견을 주장하기만 해서는 좋은 결과를 기대하기 어렵다.

상대방은 당신과 더 이상 엮이고 싶지 않다고 판단해서 관계를 아예 끊어버릴지도 모른다.

이것이 바로 '나쁜 집요함'이다.
연애 관계에서라면 스토커에 해당한다.

예를 들어 영업 사원이라면 고객에게 절대로 성가시다는 인상을 주어서는 안 된다. 한번 심어진 이미지는 쉽게 바뀌지 않는다.
또 공통점이 전혀 없어서 공감대를 형성하기 어려운 상대라면 포기하는 것도 방법이다.

● ● ● ●

비호감형 집요함이 되지 않는 방법

일에서도 연애에서도 가장 중요한 것은 '상대방의 마음을 읽는 것'이다.

'상대가 어떤 생각인지 알고 있는가?'
'상대가 어떤 기분인지 파악하고 있는가?'
스스로에게 이 질문을 던졌을 때 바로 대답할 수 있다면 걱정하지 않아도 된다. 만약 대답이 생각나지 않아서 머뭇거린다면 상대방을 대하는 방식을 다시 한번 살펴볼 필요가 있다.

마음을 제대로 읽어내지 못하면 상대방의 영역에 너무 깊이 침범하거나 전혀 발을 들여놓지 못하거나 둘 중 하나가 될 수밖에 없다.

세상에는 상대방의 마음을 제대로 읽어내지 못하거나 처음부터 상대방의 기분은 전혀 고려하지 않는 사람이 생각보다 많다.

상대방에게 귀찮고 성가시다는 인상을 주는 것은 반드시 무슨 대단한 실수를 했기 때문만은 아니다. 때로는 사소한 말 한마디, 동작 하나가 결정타가 될 수 있다.

좋은 관계를 이어나가려면 상대방에게 의도치 않게 나쁜 인상을 주는 일이 없도록 세심한 주의를 기울여야 한다.

말투가 성공을 좌우한다

Q.

세일즈 토크를 할 때
당신은 어느 쪽?

내가 무엇을 이루고자
하는지 전한다

상대방에게 무엇을 해주고
싶은지 전한다

'나쁜 집요함'은 반드시 피해야 한다.

A. "~해주지 않는다."

B. "말 안 해도 알겠지."

C. "당연히 그렇게 해야 되는 거 아닌가?"

위 세 가지는 모두 자기중심적인 사람들이 자주 쓰는 표현이다.

A의 경우, 예를 들어 '도와주지 않는다'라는 말에는 '당연히 도와주어야 한다'라는 전제가 깔려 있다. 상대방이나 주위 사정은 전혀 고려하지 않고 자기 입장에서만 생각하고 있는 것이다.

B는 상대방이 어떻게 생각하는지는 본인이 아닌 이상 알 수 없는 문제임에도 불구하고 일방적으로 자기 좋을 대로 해석하고 있다.

C 역시 자신이 모든 것의 기준이며 항상 옳다는 것을 전제로 하고 있다. 당연한 말이지만 사람들의 기준은 저마다 다 다르다.

● ● ●
상대가 필요한 상황에서는 요주의

앞서 3장에서 설명한 Will은 자기 자신을 기준으로 삼는다.

다이어트를 한다든지 독서 습관을 들이는 것은 혼자서 하는 일이니 상대방을 생각할 필요가 없다.

하지만 업무나 연애 같이 다른 사람과 함께 하는 일은 반드시 '상대방의 시점'을 고려해야 한다.

취업 준비를 할 때를 떠올려보자.

보통 취업 준비를 시작하면 자기 분석을 통해 본인의 강점과 약점, 하고 싶은 일, 할 수 있는 일 등을 정리한다. 자기 자신을 축으로 삼아 현재 상태를 확인하는 것이다. 그리고 각자에게 맞는 기업을 찾아서 지원한다.

그렇게 찾은 회사에 입사지원서를 쓰거나 면접을 볼 때는

"저는 ~를 하고 싶어서 이 회사에 지원하게 되었습니다."

"~를 통해 성장해 나가고자 합니다."

같은 자기중심적인 표현을 사용하기 쉽다.

질문 자체에 '자기소개', '자기PR' 등 '자기'라는 단어가 포함되어 있다 보니 좀 더 적극적으로 나를 알리고 주장해야 할 것만 같은 기분이 드는 것이다.

하지만 입사지원서나 면접에서 내 이야기만 늘어놓아서는 좋은 평가를 얻을 수 없다.

기업에서 궁금해하는 것은 과연 이 지원자가 우리 회사에 어떤 도움이 될 것인가 하는 점이다. 내가 전하고자 하는 바가 아니라 상대방이 얻고자 하는 바가 더 중요하다는 말이다. 상대방의 의도, 기준, 역할을 제대로 파악하지 못하면 합격은 기대하기 어렵다.

해당 기업에서 추구하는 비전이나 요구하는 인재상에 스스로가 어떻게 부합하는지를 잘 설명하면 합격 가능성이 높아진다.

다음 대화를 살펴보자.

상사	"고객사 측에서 납기를 더 앞당길 수 있겠냐는군."
부하 A	"일정에 관해서는 이미 세 달 전에 합의가 다 끝났는데 이제 와서 그러면 곤란하죠."
부하 B	"그런가요? 그럼 저는 뭘 하면 될까요?"

부하 A가 '곤란하다'고 판단한 기준은 자기 자신이다. 고객은 납기를 앞당기고 싶다고 하는데 A는 이 점을 전혀 고려하지 않고 있

다. 자기 할 말만 하고 상대방이 현재 어떤 상황인지, 왜 납기를 당기고자 하는지는 알려고도 하지 않는다.

반면 부하 B는 고객의 요구사항에 맞추어 이후의 움직임을 수정하고자 한다.

상대방의 입장에 서서 발언하고 있는 것이다.

다시 한번 말하지만 자기를 기준으로 한 집요함은 다른 사람들에게 '나쁜 집요함'으로 보일 수 있다.

상대방에게 나쁜 인상을 주지 않기 위해서는 부하 B처럼 무엇보다 상대방의 의견을 존중하는 자세가 필요하다.

각각의 상황에서 자기 기준 대로 밀어붙이는 편이 나을지, 아니면 상대방의 입장을 고려하는 편이 나을지 정확하게 판단할 수 있어야 한다.

상대방이 어떤 유형인지 먼저 파악하라

스몰토크를 할 때
당신은 어느 쪽?

상대가 누구든지
똑같은 스몰토크를 한다

상대에 따라
스몰토크의 내용을 바꾼다

"너랑 잘 어울리네."

친구에게 여자친구를 소개했을 때, 이런 말을 들으면 당신은 어떻게 반응하겠는가?

"역시 그렇지? 예쁘지?"

하고 좋아하는 사람이 있는가 하면

"뭐야, 그 나물에 그 밥이라는 건가?"

하고 발끈하는 사람도 있을 것이다.

같은 말이나 행동이라 하더라도 본인과 상대방의 성향, 관계성, 상황 등 다양한 조건에 따라 받는 인상은 달라진다.

상대방이 어떤 유형인지 판단하고자 할 때 참고가 되는 것이 바로 '소셜 스타일'이다.

소셜 스타일은 심리학자인 데이비드 메릴이 1968년 발표한 커뮤니케이션 이론으로, 감정과 자기주장을 두 개의 축으로 삼아 모든 인간을 네 가지 유형으로 분류하고 있다.

이 분류가 절대적인 기준을 제시하는 것은 아니지만 상대방이 무엇을 어떻게 생각하고 느끼는지 대체적인 성향을 알아보는 데에는 도움이 된다.

소셜 스타일 이론에서 제시하는 네 가지 유형은 다음과 같다.

1. 성과주도형(driver)

자기 의견은 확실하게 주장하는 편이며, 냉정하고 합리적이다. 이성적이고 신속하게 자기 의견을 주장한다. 과정보다는 결과를 중시한다. 경쟁심이 강하고 행동이 빠르다. 목표를 위해서라면 과감한 판단을 내린다.

2. 표출형(expressive)

자기주장이 강하고 감정적이며 주체적이다. 주위로부터 인정받고자 하는 욕구가 강하며, 도전을 즐긴다. 새로운 것을 좋아하고 유행에 민감하다.

3. 분석형(analytical)

말하기보다 듣기를 잘하며, 자기주장은 약한 편이다. 관찰을 통해 얻은 데이터에 기초해서 분석하고 판단한다. 독자적인 견해를 바탕으로 냉정하고 논리적으로 사고한다.

4. 우호형(amiable)

주위 사람들의 감정이나 의견, 조화를 중시한다. 남을 돕거나 이야기 들어주는 것을 좋아한다.

우선 자신이 이 중 어느 유형에 속하는지 확인해보자.

다음으로 상대방이 어느 유형인지 확인해보자.
'나쁜 집요함'이 되지 않게 하기 위해서는 상대방의 성향을 정확히 파악해서 상대방이 싫어하는 일을 하지 않도록 주의해야 한다.

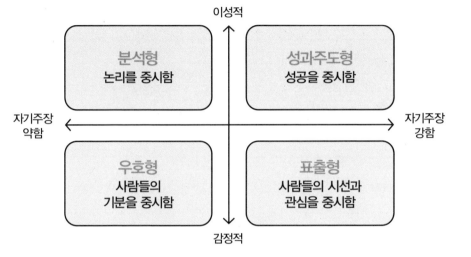

소셜 스타일 이론의 네 가지 유형

이성적

분석형	성과주도형
논리를 중시함	성공을 중시함

자기주장 약함 ← → 자기주장 강함

우호형	표출형
사람들의 기분을 중시함	사람들의 시선과 관심을 중시함

감정적

상대가 합리적인 '성과주도형'인 경우

상대를 배려한다고 두루뭉술 돌려 말하면 답답해한다.

결론부터 말하지 않고 변명이나 상황 설명을 길게 늘어놓으면 짜증을 낸다.

준비나 조사에 시간을 들이는 사람을 싫어한다.

상대가 주목받고 싶어하는 '표출형'인 경우

웃으며 관심을 표현하지 않으면 '나한테 관심이 없나?'라고 오해할 수 있다.

'하지만', '그건 그렇지만' 등 부정적인 반응을 보이면 발끈한다.

'남들처럼 하는 게 낫지 않을까?' 같은 보수적인 의견은 지루하다고 여긴다.

상대가 논리를 중시하는 '분석형'인 경우

'아무튼' 하고 밀어붙이는 사람은 머리가 나쁘다고 생각한다.

문제가 생길 경우에 대비해서 미리 대책을 마련해두지 않는 사람은 허술하다고 생각한다.

사실과 의견을 명확하게 구분해서 전달하지 않으면 내용을 잘 이해하지 못할 수도 있다.

상대가 모두의 감정을 중시하는 '우호형'인 경우

'이렇게 하자!'라고 강하게 주장하면 스트레스를 받는다.

주위 사람들을 배려하지 않는 사람과는 거리를 둔다.

대화를 나눌 때 웃지 않는 사람은 무섭다고 여긴다.

나쁜 집요함이 되지 않기 위해서는 상대방의 시점에서 생각해볼 필요가 있다. 소셜 스타일 이론을 참고하면 나쁜 집요함의 계기가 되는 NG 행동을 피할 수 있다.

집요하다는 인상을 주지 않는 사람이
말하는 방식

Q.

영업을 할 때
당신은 어느 쪽?

상품에 대해 설명하고
상품을 판매하는 것이
중요하다

상대에게
도움이 되는 정보를
제공하는 것이 중요하다

집요하다는 인상을 주지 않기 위해서는 다음과 같은 사항에 주의해야 한다.

1. 집요하게 설명하는 것보다 상대의 이야기를 귀기울여 듣는 것이 더 중요하다

말이 많은 사람은 아무래도 자기 입장에서 생각하게 되기 때문에 상대방에게 집요하다는 인상을 주기 쉽다.

상대에게 좋은 인상을 주고 싶다면 입은 닫고 귀는 열어라.

2. 상대에게 도움이 되는 정보를 제공한다

"마침 근처에 와 있는데 잠깐 찾아봬도 될까요?"

영업 사원이라면 다들 한 번쯤은 이런 말을 해봤을 것이다.

하지만 잘 생각해보면 마침 근처에 와 있다는 것도, 만나고 싶다는 것도 어디까지나 내 사정일 뿐이다.

상대방 입장에서는 내 알 바 아니라고 생각할 수도 있다.

애초에 영업 사원은 '나에게 물건을 팔려고 하는 사람'이기 때문에 대개는 영업 사원을 대할 때 기본적으로 방어적인 자세를 취하게 된다.

상대방으로 하여금 나를 만나고 싶다는 생각이 들게 하려면 우선 내가 상대에게 도움이 되어야 한다.

이것이 바로 사회심리학자 로버트 치알디니가 말하는 '상호성의 원칙'이다.

누군가가 호의를 베풀면 호의를 받은 사람은 반드시 그것을 갚고자 한다. 호의가 일종의 부담으로 인식되기 때문이다. 예를 들어 친구가 내게 커피를 사주었다면 나도 뭔가를 돌려주어야겠다는 생각이 들기 마련이다.

내가 상대방에게 도움이 된다면 그쪽에서 먼저 나를 만나고 싶어할 것이다. 당연히 집요하다는 인상을 주거나 거부당할 위험도 줄어든다.

무슨 일이든 상대방의 입장에서 생각해보는 것이 중요하다.

3. 민감한 질문을 할 때는 점수를 매겨달라고 한다

상대의 본심을 듣고 싶은 나머지 강압적으로 몰아붙여서 상대방을 불쾌하게 만든 경험이 있지 않은가?

그럴 때는 점수를 매겨달라고 하면 생각보다 쉽게 대답해주는 경우가 많다.

예를 들면 이런 식이다.

영업 사원 "현재 사용 중인 복사기는 어떠신가요?"

고객 "별 문제 없습니다."

영업 사원 "그렇다면 다행이네요. 하나만 더 여쭤봐도 될까요? 복사기 성능을 10점 만점으로 표현하면 몇 점쯤 될까요?"

고객 "점수로요? 글쎄요, 한 7점 정도?"

영업 사원 "어떤 점을 보완하면 10점이 될까요?"

고객 "복사기 속도가 조금 느린 것 같으니 더 빨라지면 좋을 것 같아요."

고객의 본심을 제대로 파악하는 데 성공한다면 그것을 바탕으로 다음번에 고객을 만족시키기 위해서는 어떻게 해야 할지 힌트를 얻을 수 있다.

4. 상대를 배려하는 한마디를 덧붙인다

다음은 과거 내가 회사에서 선배와 나눈 대화의 일부이다.

A 선배	"너 이 책 읽어봤어?"
나	"아니요, 아직 안 읽어봤습니다."
A 선배	"좋은 책이니까 읽어봐."

B 선배	"너 이 책 읽어봤어?"
나	"아니요, 아직 안 읽어봤습니다."
B 선배	"읽어보면 전에 네가 말했던 고민에 대한 힌트를 얻을 수 있을 거야."

A 선배도 B 선배도 나를 생각해서 책을 추천했다는 점은 동일하다.

하지만 일방적으로 읽으라고 하는 A 선배보다는 내게 도움이 될 거라고 구체적으로 설명해준 B 선배의 말이 더 마음에 와닿았다.

말투 하나로 인상이 달라질 수 있다는 점을 명심하고, 상대방이 어떻게 받아들일지를 충분히 고려해서 말하는 습관을 들이자.

맺으며

이 책을 다 읽고 나니 어떤가?
앞으로는 좋은 집요함을 발휘할 수 있을 것 같은가?

행복을 손에 넣기 위해서는 좋은 집요함을 발휘하는 것이 중요하다.

조금 멋있게 표현하자면 이것은 나 자신의 경험을 통해 얻은 교훈이자, 인생을 잘 살아가기 위한 비결이라고 할 수 있다.

이 책에서는 어떤 일을 해내는 데 있어서 중요한 것은 근성이 아니라 '집요함'이라는 사실을 설명하고, 제대로 이해만 하면 누구든지 쉽게 발휘할 수 있는 집요함에 대해 소개하고 있다.

계속해서 집요함을 유지하는 사람은 결코 실패하지 않는다.
모든 일은 극복할 수 있는 과제라고 생각하고, 항상 새로운 도전을 즐기기 때문이다.

계속해서 집요하게 노력하면 자신이 꿈꾸던 인생을 현실로 만들 수 있다.

이 책을 읽은 모든 사람이 집요함이라는 무기를 손에 넣기 바란다. 집요함을 습관화하면 인생이 즐겁고 행복해질 것이다.

옮긴이 **남소현**

연세대학교와 이화여자대학교 통역번역대학원에서 공부하였고, 일본 문학 번역가로 활동하고 있다. 번역작으로《형사의 약속》,《여섯 명의 거짓말쟁이 대학생》,《설원》,《기묘한 괴담 하우스》등이 있다.

그래도
해야지 어떡해

초판 2023년 2월 1일 1쇄
저자 이바 마사야스
옮긴이 남소현
ISBN 979-11-90157-94-0 13190

출판사 도서출판 북플라자
주소 서울시 강남구 논현동 118-13 5층
홈페이지 www.bookplaza.co.kr

영화 판권, 오탈자 제보 등 기타 문의사항은 book.plaza@hanmail.net으로 보내주세요.
잘못된 책은 구입하신 서점에서 교환해 드립니다